비즈니스셀럽

비즈니스 셀럽

초판 1쇄　|　2025년 2월 12일
초판 2쇄　|　2025년 2월 28일

지은이　　|　정예진
출판기획　|　상상력집단
기획총괄　|　윤대혁
펴낸곳　　|　상상력집단

주　소　　|　서울특별시 서초구 언남11길 16-15 4층
이메일　　|　ss2443515@illusionists.co.kr
ISBN　979-11-978400-5-0(13320)

- 파본은 본사나 구입하신 서점에서 교환해 드립니다.
- 이 책의 판권은 지은이와 출판사에 있습니다. 내용의 전부 또는 일부를 재사용하려면 반드시 양측의 서면 동의를 받아야 합니다.

BUSINESS CELEB

나의
인적 네트워크를
자산으로
만드는 법

비즈니스 셀럽

| 정예진 지음 |

(주)상상력집단

Prologue

성공은 사람과 실행에서 시작된다

 누군가는 운이 좋아서 성공했다고 말한다. 또 누군가는 타고난 배경이 다르면 결과도 다를 수밖에 없다고 말한다. 하지만 나는 수많은 비즈니스 리더들을 만나면서 확신했다. 성공하는 사람들은 절대 우연을 믿지 않는다. 그들은 끊임없이 실행하고, 인맥을 쌓고, 시장을 읽으며 한 걸음 한 걸음 앞으로 나아간다.

 처음에는 나도 '영업이란 타고난 센스가 있어야 하는 것'이라고 생각했다. 하지만 현장에서 직접 경험하고 뛰어난 리더들을 만나면서 깨달았다. 실행력과 네트워크, 그리고 세심한 디테일이야말로 성공하는 사람들의 공통점이었다. 아무리 뛰어난 전략이 있어도 실행하지 않으면 소용없고, 혼자서는 결코 큰일을 해낼 수 없다. 결국 '사람'과 '실행'이 비즈니스의 성패를 결정한다.

이 책은 바로 그런 사람들의 이야기다. 위기를 기회로 바꾸고, 불가능을 가능으로 만들며, 빠른 결정과 행동으로 시장을 장악한 리더들의 철학과 전략을 담았다. 이들은 거창한 이론 대신, 오직 실전에서 검증된 방법만을 이야기한다. 영업이든, 브랜딩이든, 경영이든, 모든 핵심은 "빠르게 움직이고, 신뢰를 쌓으며, 끝까지 버티는 것"이라는 점을 보여준다.

책을 쓰면서 가장 중요하게 생각한 것은 '현실적인 조언'이었다. 누구나 따라 할 수 있지만, 아무나 할 수 없는 것. 행동으로 옮기는 순간 차이가 만들어지는 것. 결국 비즈니스는 '생각'이 아니라 '실행'이 결정한다. 성공한 사람들은 실패해도 다시 도전하고, 남들보다 한발 앞서 실행하며, 사람을 얻기 위해 끊임없이 노력한다.

지금 당신이 어떤 위치에 있든, 어떤 목표를 가지고 있든, 이 책에서 얻을 수 있는 메시지는 분명하다. 움직이면 기회가 보인다. 빠르게 결단하고, 실행하며, 관계를 쌓아라. 당신의 선택과 행동이 미래를 바꿀 것이다.

목차

Prologue | 성공은 사람과 실행에서 시작된다 • 4

PART 1

실행력이 곧 성과다 | 빠르게 움직이는 리더들의 전략 |

발로 뛰는 영업이 결국 승리한다 - 위기를 기회로 만든 현장 전략 • 12

시간이 없다고? 30분 단위로 쪼개 써라 - 초집중 생산성의 비밀 • 20

결정이 늦으면 기회는 사라진다 - 신속 대응으로 신뢰를 얻는 법 • 27

배달 하나로 판을 뒤집다 - 위기에서 살아남은 기막힌 전략 • 33

생각만 하면 아무것도 변하지 않는다 - 실행력을 극대화하는 3가지 원칙 • 39

완벽한 시작보다 빠른 실행이 답이다 - 도전의 힘을 믿는 리더십 • 44

PART 2

네트워크가 만든 기회 | 관계를 구축하는 법 |

내성적인 성격도 강력한 무기가 될 수 있다 - 새로운 방식으로 고객을 사로잡다 • 52

겸손이 가장 강한 무기가 될 때 - 작게 시작해 크게 성장하는 법 • 59

사람을 얻어야 돈도 따라온다 - 관계가 기회를 만드는 진짜 원리 • 65

직관을 믿어라, 감각은 거짓말하지 않는다 - 날카로운 선택이 만든 성공 • 71

단 한 번의 감동이 평생 고객을 만든다 - 작은 디테일이 큰 차이를 만든다 • 78

첫인상보다 지속되는 관계가 더 중요하다 - 인연을 디자인하는 CEO의 기술 • 82

PART 3

시스템과 디테일 | 탄탄한 경영이 성공을 만든다 |

디테일을 놓치면 결국 무너진다 - 조직을 움직이는 시스템 경영의 힘 • 92

전문직도 경영을 알아야 살아남는다 - 브랜딩과 사업 확장의 필수 조건 • 99

작은 차이가 결국 글로벌을 만든다 - 시장을 지배한 디테일 경영법 • 104

처음부터 한 번에 여러가지를 하려 하지 마라 - 초집중을 위한 효율적 조직 운영 • 111

체력이 곧 경쟁력이다 - 끝까지 버티는 리더들의 필수 조건 • 116

이기는 습관을 만드는 작은 루틴 - 미세한 습관이 경영을 바꾼다 • 121

어디든 '내사람'은 항상 있다 - 관계형성의 첫번째 원칙 • 128

PART 4

위기를 기회로 바꾸는 경영 철학

위기는 기회의 또 다른 이름이다 - 불가능을 가능으로 만든 성장 스토리 · 134

기존 산업도 얼마든지 새롭게 만들 수 있다 - 전통과 혁신을 접목하는 법 · 141

직장인도 CEO가 될 수 있다 - 회사가 원하는 사람의 기준 · 147

광고비 없이도 브랜드를 키우는 방법이 있다 - 대표가 직접 마케팅하는 법 · 152

핑계를 버려야 성공이 보인다 - 무조건 실행하는 사람들의 법칙 · 158

여성이건 남성이건 결국 살아남는 사람은 버티는 사람이다 - 끝까지 가는 CEO들의 비결 · 163

PART 5

지속 가능한 성장 | 흔들리지 않는 리더의 원칙 |

한 우물을 파야 정상에 오른다 - 끝까지 버티는 힘 · 172

새벽이 나를 만든다 - 하루를 먼저 시작하는 사람들이 얻는 것 · 178

칭찬도 전략적으로 해야 한다 - 고객을 사로잡는 감성 경영 · 185

가장 쉬운 성공법칙 인사를 잘하라 - 기본기가 만든 리더십 · 192

끝까지 버티는 사람이 승리한다 - 흔들리지 않는 경영자의 습관 · 196

하루를 새벽 5시에 시작하는 CEO들의 공통점 - 아침형 인간이 성공하는 이유 · 200

성공을 원한다면 먼저 건강을 지켜라 - 체력과 경영의 관계 · 207

PART 6

창의성과 혁신 | 변화를 주도하는 리더의 사고방식 |

틀을 깨야 새로운 시장이 보인다 - 혁신적인 경영 마인드의 힘 • 216

남들과 다르게 생각하는 연습 - 창의성을 극대화하는 CEO들의 습관 • 222

보이지 않는 자리에서 신뢰를 쌓는 법 - 궂은 일을 맡고, 철저히 대비하는 자세 • 229

격식을 버려야 기회가 보인다 - 유머와 낮은 자세가 만드는 새로운 인맥 전략 • 232

Epilogue | 결국, 실행한 사람이 승리한다 • 239

PART 1

실행력이 곧 성과다

- 빠르게 움직이는 리더들의 전략

결단력, 실행력,
신속한 의사결정이
성공을 만든다

발로 뛰는 영업이 결국 승리한다

: 위기를 기회로 만든 현장 전략 :

    그날의 첫 만남이 아직도 선명하다. 나이 차이가 전혀 느껴지지 않을 만큼 활기차게 들어오시는 L회장님의 모습을 본 순간, 마음속에 '우아한 에너지'라는 말이 떠올랐다. 사실 처음에는, 어떻게 연륜을 쌓은 분이 저렇게 정정하시고 밝을 수 있을까 하는 단순한 호기심이었다. 하지만 짧은 인사말을 나누는 것만으로도 그분의 오랜 습관과 생활 태도가 몸속 깊이 배어 있음을 느낄 수 있었다. 매일 아침 6시에 기상해 스트레칭으로 하루를 열고, 집에서는 철저하게 피부를 관리하며, 골프를 치지 않는 날에도 다른 운동으로 몸을 단련한다는 얘기는 소문만이 아니었다. 그 꾸준함은 결코 '보여주기'가 아니었고, 오히려 그분의 삶 전반을 지탱해 주는 동력이었다. L회장님이 종종 "건강한 정신은 결국 건강한 육체에서 나오는 법이죠"라고 말씀하실 때마다, 내심 그 말에 담긴 무게가 얼마나 큰지를 체감하게 된다.

무엇보다도 인상 깊었던 건, L회장님이 단지 건강을 유지하는 데서 그치지 않고, 삶의 리듬을 회사 경영에도 자연스럽게 연결하고 계신다는 점이었다. 사람마다 하루의 시작은 다르지만, 회장님은 늘 아침 시간에 집중해서 몸과 마음을 가다듬는다. 잠깐 하는 명상이나 짧은 산책 등, 하루 중 찾아오는 모든 순간을 자신을 충전하고 생각을 정리하는 시간으로 활용한다. 내가 "어떻게 보면 굉장히 철저하게 자신을 관리하시는 것 같아요"라고 묻자, 회장님은 "결국 나 자신이 흔들리면 회사도 흔들리기 쉬워요. 리더라는 자리는 많은 이들의 시선이 닿는 곳이니까요"라며 웃었다. 처음엔 약간은 의무감으로 시작한 습관일지 몰라도, 이제는 몸에 배어 자연스럽게 흘러가는 일상이 되었다고 했다. 그리고 그렇게 쌓인 단단한 마음가짐과 체력은, 회장님의 성장 과정과도 깊은 관련이 있었다.

"그때가 정말 재미있었어요." 하고 L회장님이 반짝이는 눈으로 웃을 때면, 빠짐없이 꺼내 놓는 이야기가 있다. 사업 초창기 시절, 전화번호부 한 장 한 장을 넘기며 일일이 영업 전화를 돌렸던 때다. "안녕하세요, A회사의 L입니다."라는 문장을 몇백 번, 아니 몇천 번은 말했을 거라고 한다. 지금은 미소 지으며 회상하지만, 당시에는 굉장히 힘들고 지칠 법도 했다. 실제로 매 순간이 고난의 연속이었고, 그런 고생 끝에 첫 계약을 땄을 때의 기쁨은 말로 다 할 수 없었다고 한다. 그러나 회장님이 진짜 강조하는 것은 '그런 힘든 과정이 자신에게 얼마나 소중했는가'다. 그 수많은 거절과 실패는 오히려 본인에게 시장의 반응을 배울 수 있는 장이 되었다는 것이다. "처음에는 거절당할 때마다 속상했죠. 나도 사람인지라 마음이 아프고 힘들었어요. 그런데 곰곰이 생각해보니, 사람들이 나를 거절하는 이유를 제대로 알 수만 있다면 오히려 크게 성장할 수 있겠더라고요."라고 말씀하실 땐, 지금도 여전히 배움의 자세를 잃지 않고 있다는 느낌이 들었다.

이런 마인드는 회사가 위기를 맞았을 때 더욱 빛을 발했다. IMF 외환위기나 글로벌 금융위기처럼, 대부분의 기업들이 흔들리며 존폐를 고민하던 때에도 회장님은 의외로 담담하셨다고 한다. 물론 내부에서는 당연히 불안과 공포가 팽배했지만, 회장님은 이를 "조직 체질을 개선할 호기"로 여겼다. "위기는 항상 기회를 동반하는 법이에요. 중요한 건 그 기회를 볼 수 있는 눈이죠."라는 말이, 회사 임직원에게는 마치 구호처럼 퍼져 나갔다고 한다. 구체적으로는 불필요한 비용 구조를 정리하고, 앞서가는 몇몇 선진 기업들의 사례를 과감하게 벤치마킹하며, 국내 시장이 얼어붙어 있을 때 해외 진출의 가능성을 타진하는 식이었다. 그리고 그 시기에 이루어낸 작은 시도들이 쌓이고 쌓여, 오늘날 A회사가 더 단단한 기반을 갖추게 되었다는 이야기는 기업문화 교육 시간에 빠짐없이 등장한다. 단순한 성공 스토리가 아니라, "큰 위기 때일수록 차라리 발상의 전환을 시도하라"는 메시지가 오롯이 전달되는 것이다.

L회장님의 긍정적이고 도전적인 자세는, 무엇보다도 사람과의 관계에서 더욱 돋보인다. 영업 현장에서 직접 몸으로 부딪치며 깨달은 '사람 냄새'의 중요성은, 회사가 커진 뒤에도 변함없이 이어지고 있다. "막상 찾아가보면, 이름표나 명함과 상관없이, 다 사람 냄새가 나더라고요."라는 말은, 회장님이 여러 자리에서 자주 꺼내는 말이기도 하다. 그래서인지 실제로 임직원들과 소통하는 자리를 종종 마련하며, 그 시간에는 업무적인 이야기만 오가는 게 아니라 때론 인생 선배로서 진솔한 위로와 충고가 함께하기도 한다. 회장님 특유의 격의 없는

대화가 자연스럽게 형성되면서, 회사 전반에 유연하고 활력 있는 분위기가 조성되는 것이다.

이런 진심 어린 관심은 특히 여성 임원들의 멘토링에서 더욱 강조된다. "내가 처음 현장부터 시작했을 때는 그런 멘토를 구하기가 정말 어려웠어요. 그래서 내가 먼저 선배로서 문을 열고 싶어요."라고 말하는 회장님의 표정에서는, 유리천장을 깨고 올라오느라 겪었을 크고 작은 고충들이 엿보였다. 동시에 후배들이 같은 어려움을 반복하지 않길 바라는 진심 어린 마음이 전해졌다. 실제로 A회사 내부에서는 여성 임원들의 비율이 꾸준히 늘어나고 있으며, 공식적인 제도보다는 '서로 주고받는 멘토링 문화'가 크게 기여하고 있다고 알려져 있다.

회장님의 하루는 이러한 따뜻한 인간관계와 더불어 긍정 에너지로 가득하다. 내가 "회장님은 도대체 언제 쉬세요?"라며 웃으며 묻자, "쉬는 것도 일의 연장선이죠. 내가 즐겁지 않으면 직원들도 힘을 낼 수 없으니까요"라고 답했다. 그래서인지 취미나 여가 생활에서도 '무엇이든 잘해야 한다'는 마음가짐으로 술자리, 놀기, 문화생활까지 폭넓게 소화하신다. 다만 다음 날 컨디션을 위해 무턱대고 늦은 시간까지 자리를 이어가지 않으려 애쓰시는 편이라고 한다. 이런 작은 습관과 태도 덕분인지, 늘 밝고 건강한 모습으로 직원들을 대한다는 이야기는 회사 사람들 사이에서도 유명하다.

디지털 전환이나 새로운 사업 기획 과정에서도 회장님의 열린 태도는 빛을 발했다. 젊은 직원들의 의견을 반영하는 수준을 넘어, 스스로 디지털 교육을 받으며 시장 변화를 체감하려고 노력한다. "나이가 들수록 더 배워야 해요. 세상은 계속 변하니까요"라는 말이 결코 빈말이 아니라, 회장님의 일상에서 실제로 실천되고 있는 셈이다. 골프, 운동은 물론 술자리나 문화생활까지 영역을 가리지 않고 익히고 소화하는 모습이, 임직원들에게는 '끝없는 배움'의 본보기로 다가온다. 회사가 성장하려면 구성원끼리 소통하고 함께 배우는 과정이 반드시 뒤따라야 한다는 게 회장님의 믿음이다.

결국 L회장님의 진정한 성공 비결은 사람에 대한 애정, 그리고 자기 자신에 대한 끊임없는 관리와 혁신에 있다고 생각된다. 직접 영업 현장을 뛰며 시장에서 '진짜'를 배우고, 거절과 실패를 학습으로 전환한 경험이 이제는 회장님의 긍정적 사고방식과 회복 탄력성을 상징하게 되었다. 그 바탕 위에 오랜 세월 차곡차곡 쌓여 온 신뢰와, 시대적 흐름을 놓치지 않으려는 열린 자세가 조화를 이루어 오늘날 A회사를 탄탄하게 만드는 것이다. 회장님은 "리더십은 지위가 아니라 결국 신뢰에서 나온다"고 자주 말한다. 실제로 임직원들이 그분을 '진심으로 믿고 따르게' 된 데에는 회장님의 작은 습관과 태도들, 그리고 사람과 조직을 대하는 철학이 큰 역할을 했을 것이다.

저자가 주는 KEY POINT TIP

1. '현장'에서 배운 값진 데이터
전화번호부를 뒤적이면서 직접 전화를 걸어 얻은 거절과 실패 경험은 그 어떤 교본보다 값진 '현장 데이터'가 된다. 사소한 반응이라도 성장을 위한 중요한 힌트로 삼자.

2. 위기는 체질 개선의 기회
IMF 같은 대형 위기에도 국내 시장에만 머무르지 않고 과감히 '해외 시장'을 두드려 보며 체질을 개선했다. 환경이 어렵다고 움츠러들지 말고, 오히려 새로운 돌파구를 발굴하라.

3. 임직원들과의 '격의 없는 대화'
권위보다는 진솔함으로 직원들의 마음을 열고, 그 유대감이 곧 회사의 성장 동력이 된다.

시간이 없다고?
30분 단위로 쪼개 써라

: 초집중 생산성의 비밀 :

   주말과 평일의 경계가 없다. 보통 사람들은 일과 삶의 균형을 맞추기 위해 '워라밸'을 외치지만, 이 말은 K대표에게 그다지 통하지 않는다. 그는 아예 시간을 30분 단위로 쪼개 활용함으로써, 모든 날을 '일을 위한 최적의 타이밍'으로 만든다. "굳이 일요일과 월요일을 다르게 보지 않아요. 중요한 건 얼마나 집중하느냐죠."라고 말하는 그의 라이프스타일을 보고 있으면, 누구도 따라가기 어려운 시간 관리의 예술이 엿보인다.

   게다가 그가 속한 업종은 인테리어, 그것도 대형 프로젝트가 오가는 B2B 영역이다 보니 공사 수주나 협상 과정에서 막대한 예산이 입에서 오르내린다. 그만큼 한 번의 영업이 성패를 결정짓기도 하고, 관계 관리가 핵심적인 요소가 되기도 한다. 그리고 그는 그 중요한 영업 현장에 '와인'을 들고 들어간다. 그렇다고 적당히 흉내만 내는 수준이 아니다. "와인 자체를 제대로 알아야 고객과도 깊은 대화를 나눌 수 있죠"라며, 개인적으로 와인 공부를 파고들고 와인 셀러까지 갖출 정도로 수준 높은 지식을 쌓았다. 그렇게 쌓인 와인 교양은 곧바로 영업에 '관계를 맺는 매개체'로 연결된다. 까다롭고 보수적인 건축주나 고위급 임원들을 만나도, 와인 한 병과 함께 "최근엔 어떤 빈티지가 인상 깊으셨나요?"라는 묘한 질문이 관계의 물꼬를 터준다. "인테리어라는 사업은 서로 마음을 열고 신뢰를 확보해야 협상이든 설계든 술술 풀려요. 그런데 먹고 마시는 자리만큼 마음의 장벽을 빨리 허무는 곳이 없죠."라고 K대표는 말한다.

하지만 이 와인 영업은 결코 '낭만'으로만 치장된 게 아니다. K대표는 시간을 쪼개 쓰는 만큼, 와인을 마시는 방식에도 자신만의 원칙을 갖고 있다. "와인은 시간을 들여 음미하며 마시는 것이 맞습니다. 단, 취하거나 기억을 못하면 안 되죠. 길어지면 그냥 기분 좋고 떠들다 끝나는 자리로 흐르기 쉽잖아요. 오히려 깔끔하게 자리를 마무리하면서도, 속 깊은 이야기를 먼저 꺼내 놓을 수 있어야 효율적이에요." 술자리조차 엄격하게 '성과'와 '신뢰' 모두를 확보하는 장으로 만들어버리는 이 고도의 분할 관리가 그를 성공 가도에 올려놓았다고 해도 과언이 아니다.

그뿐만 아니라 직원 복지나 회사 운영 전반에 대해서도 K대표는 "어차피 내 하루도 짧게 쪼개가며 일하는데, 회사일 전체가 나 몰라라로 운영될 순 없지 않느냐"고 말한다. 그러니 크고 작은 사안에 직접 관여하고, 직원들의 근무환경과 복지 문제도 주말이라 할 것 없이 챙긴다. 일례로 업계에서 "K대표 회사는 대표가 현장도, 본사도 살뜰히 챙긴다"라는 말이 나올 정도로 세심하게 회사 구석구석을 살핀다. 그렇다고 '마이크로매니징'만 하는 것도 아니다. 오히려 그는 "팀장에게 책임을 주되, 내가 도울 수 있는 건 무엇이든 하겠다"는 태도로 임원진부터 신입까지, 어느 부서 직원이든 편하게 질문하고 조언을 구할 수 있는 문화를 만들었다.

이 적극적 개입과 책임 중심의 문화 덕분에 K대표가 이끄는 회사는 현재 연매출 천억 원대에 도전할 정도로 거침없이 성장 중이다. 흥미로운 건, 이렇듯 날로 커지는 기업 규모를 관리하는 과정에서 그는 또다른 시스템 확장을 꿈꾼다는 사실이다. 새로 100개의 프랜차이즈를 내기 위해 IT·통신·ERP

등 다양한 디지털 솔루션을 도입하려고 준비 중인데, "브랜딩이든 시스템이든 결국 '시간과 비용'을 효율적으로 배분해서, 최대 성과를 내는 길을 찾아야 한다"는 경영철학이 뚜렷하다. 평소 친분이 있는 대표들끼리 정보나 인맥을 연결해 주고받으면서, 일명 "서로 믿고 도와주는 성과 네트워크"를 만드는 데도 그가 앞장선다. "서로 돕고 함께 성장하는 게 진짜죠. 왜냐면, 저도 사람들을 만나고 도움 주고받는 데 쓰는 시간이 결국엔 가장 잘 쓴 시간이거든요."라고 말하는 대목에서, 그가 왜 '시간을 쪼개면서도 늘 사람을 우선순위에 두는가'를 알 수 있다.

일은 일대로 완벽히 집중하고, 관계는 관계대로 탁월한 감각으로 쌓아간다. K대표에게서는 '분주함'이 아니라 '치밀함'이 느껴진다. "내가 배우고 싶은 사람이 있으면, 주말 아침 30분 약속도 만들어서 만나요. 그렇게 한 번이 쌓이면 그분과는 계속 스파크가 일어나죠"라며, 실제로 주말이든 평일 밤이든 필요하다면 30분 단위 약속을 여러 개 잡아 회사를 새로 키우는 아이디어를 가져온다고 한다. 너무 빡빡한 것 아니냐고 물으면 "그렇지 않습니다. 딱 30분씩이라서 오히려 서로 긴장감 있게 대화를 나누고 정리가 빨라요."라고 웃는다.

이렇게 시간 분할과 와인을 매개체로 하는 영업, 그리고 주말·평일 구분 없는 몰입형 근무 패턴으로 대형 인테리어 사업을 성장시킨 K대표의 이야기를 듣고 있으면, '시간이 없어 할 수 없다'는 말이 참 무색해진다. 결국 본인이 의지를 갖고 관리만 잘한다면, 하루 24시간은 얼마든지 다시 쪼개고 붙여가며 극대화할 수 있다는 것이다. 그리고 그 남다른 집념과 매니지먼트 철학은, 도합 수백억 원을 오가야 하는 인테리어 공사 수주에서도 빛을 발한다. "연초엔 아무것도 없던 수주가, 연말이면 성공적으로 계약되어 실행되고 있어요. 그 차이를 만드는 건 결국 사람을 설득할 수 있는 전략과, 그 전략을 준비할 '시간 배분'이라 믿습니다."

저자가 주는 KEY POINT TIP

1. 30분 단위로 모든 시간을 쪼개라
굳이 회의가 길어질 필요가 없다. 30분씩 구간을 잡으면 집중도도 높고, '사용된 시간 대비 성과'가 극대화될 수 있다. 한정된 시간을 줄이는 편이 오히려 효율성을 높인다.

2. 와인을 통한 영업, 지식 수준을 진짜로 끌어올려라
적당히 들러리로 와인을 활용하는 게 아니라, 제대로 공부하고 취향을 나눌 줄 알아야 깊은 관계가 만들어진다. 와인은 단순한 '술'이 아니라, 고객과의 유대감을 쌓는 '매개체'가 될 수 있다.("와인은 시간을 들여 음미하며 마셔야 하지만, 취하거나 기억을 잃는 건 금물!")

3. 직원 복지와 회사 운영에도 적극적으로 관여하라
대표의 관심이 곧 '우리 회사가 이 일을 얼마나 진지하게 생각하는가'를 보여준다. 다만 간섭이 아니라 지원과 교류의 차원에서 접근해야 직원들도 의욕을 잃지 않는다.

4. 거대한 목표 앞에서도 시간은 쪼개고 협력은 넓히자
천억 원대 매출이든, 100개 프랜차이즈 오픈이든, 결국 남들이 불가능하다 여기는 수치도 시간·비용·사람을 효율적으로 배분하면 가능해진다. 다양한 대표들과 '서로 도와주는 네트워크'를 만들면 시너지 효과가 배가된다.

**가장 위험한 일은
아무것도 하지 않는 것이다.**

세스 고딘 (Seth Godin)

결정이 늦으면
기회는 사라진다

: 신속 대응으로 신뢰를 얻는 법 :

바쁘 돌아가는 비즈니스 현장에서 가장 먼저 느낀 것은 '빠른 반응'의 위력이다. 아무리 뛰어난 전문성을 갖추고, 우수한 기술력을 자랑해도 질문에 대한 답변이 늦거나 일정이 자꾸 미뤄지면 고객은 금세 마음을 접는다. 상대방의 문의나 요청에 지체 없이 대답하고, 혹시라도 바로 해결이 어렵다면 "정확히 언제까지 처리하겠다"라는 약속을 미리 제시하는 것. 이것이야말로 비즈니스의 성패를 판가름하는 결정적 무기다.

'남들보다 더 빨리, 더 확실하게 움직이면

고객은 내게서 마음을 떼지 않는다.'

그것이 거창한 기술이나 언변보다 훨씬 강력한 경쟁력이었다."

고객에게 "며칠 뒤에 알려드릴게요"라는 모호한 말은 금물이다. 차라리 "3일 후, 오후 2시에 결과를 공유하겠습니다"라고 구체적으로 밝히고, 그 약속을 어기지 않는 것이 훨씬 효과적이다. 실제로 긴 시간 동안 여러 업종을 경험해본 결과, 이런 '신속 대응'과 '약속 이행'만으로도 상당한 우위를 선점할 수 있었다. 요란한 언변이나 거창한 프레젠테이션보다, 믿을 수 있는 태도에서 오는 신뢰가 고객의 마음을 흔들림 없이 붙잡아두는 것이다.

그런데 신뢰가 단지 '대표 혼자만'의 노력으로 완성되긴 어렵다. 회사 전체가 언제 어떤 상황이 벌어져도 한 치 흔들림 없이 굴러가려면, 대표 스스로 모든 업무를 숙지해야 한다. "나는 이 분야는 잘 모르니 전부 직원에게 맡긴다"라는 태도만으론 부족하다. 어느 날 특정 직원이 나가더라도, 그 공백이 회사 전체에 심각한 타격을 주지 않도록 대표 본인이 직접 공부하고, 실전 경험을 통해 전사적 프로세스를 꿰차야 한다. 특히나 상품이 여러 갈래로 나뉘는 업종이라면, 대표라면 당연히 '모든 상품, 모든 업무'의 흐름을 파악하고 있어야 한다.

직원을 믿는 것은 중요하지만, 그 믿음은 '이해하지 못하는 영역'에는 적용되기 어렵다. 기획·설계·운영·판매 등 업무 영역을 대표가 모두 알면, 위기에 대한 대응이 훨씬 빨라진다. 이것이 곧 '시스템'이다. 대표가 출근해서 사무실 문을 여는 순간, 사내 공기부터 파악할 정도로 날카로운 집중력이 있어야 한다. 그날 아침 사람들이 내는 말투나 업무 시작 분위기만 보아도, 무엇이 문제인지 귀신처럼 잡아내는 것이 시스템 구축과 전사적 숙지의 핵심이기도 하다.

하지만 '모든 걸 다 아는 것'이 곧 '직접 다 처리한다'는 뜻은 아니다. 오히려 대표가 자리를 비워도 회사가 원활히 돌아갈 수 있도록 시스템을 촘촘히 갖춰두어야 한다. 만약 대표가 며칠 자리를 비웠다고 해서 업무 전체가 마비된다면, 결국 회사는 사람 하나에 의존해 있다는 뜻이다. 누구에게나 일이 몰리면 실수도 잦아지고, 한 번의 사고가 걷잡을 수 없는 위기로 번진다. 그러니 대표 스스로 모든 과정을 이해하되, 실제 실행은 체계적인 분담과 매뉴얼로 굴러가도록 해야 한다.

여기에 더 중요한 것은 "적을 만들지 않는" 태도다. 사업이 커질수록 사람을 대하는 일이 많아지고, 그만큼 마찰과 오해도 생긴다. 그럴 때마다 불필요한 자존심 싸움을 벌이면 고객이든 협력사든, 심지어 내부 직원이든 등 돌리는 사람만 늘어난다. 잘못한 게 있다면 재빠르게 인정하고, 사과해야 할 사안이면 솔직히 사과하라. 실제로 "죄송하다" 한마디가 아까워 트러블이 커지는 사례가 비일비재하다.

거꾸로 사장이 사소한 문제를 예쁘게 정리하고 "제 실수입니다. 바로 고치겠습니다"라고 대응하면, 상대방이 '내가 괜한 소리를 했나?' 하며 오히려 미안해한다. 말을 예쁘게 하면서도 원칙은 지키는 것이 중요하다. 무조건 상대의 불만만 들어준다고 해서 좋은 것은 아니다. '괜찮다'며 넘어갈 선과 '원칙대로 해야 할' 선을 명확히 구분하되, 이를 말할 때는 흥분하지 않고 침착하게 설명해야 한다. "이건 규정상 어려운 부분이지만, 대신 다음 번에는 이런 방식으로 해결하겠습니다"처럼 대안을 제시하면, 불필요한 적대감 없이 관계를 풀어나갈 수 있다.

"가끔은 '이렇게까지 해야 하나' 싶을 정도로 세심하게 챙기지만, 그 작은 실천이 언젠가 돌아와 더 큰 신뢰를 만들어내더라."

결국 신뢰의 큰 축은 신속 대응과 약속 이행으로 시작한다. 그다음 모든 업무를 이해하고 관리함으로써 위기에 흔들리지 않는 시스템을 갖춘다. 그리고 사람들과의 관계에선 적을 만들지 않는 태도, 말 한마디도 부드럽게 전달하는 센스를 장착해야 한다. 대표 스스로 자신의 회사를 360도로 살피고, 함께 성장할 파트너에게도 늘 예의를 표한다면, 매출이든 평판이든 자연스럽게 따라오게 된다.

저자가 주는 KEY POINT TIP

1. 즉각적인 응답, 약속 이행
고객이나 파트너의 요청에 늦장 부리는 순간, 신뢰는 이미 무너진다. 당장 해결이 힘들 땐 정확한 처리 기한을 제시하고, 반드시 그 시점을 지키자.

2. 전사적 숙지, 대표도 모든 업무 이해
특정 직원이 그만둬도 회사가 멈추지 않도록, 대표 스스로 모든 상품과 업무 프로세스를 꿰뚫고 있어야 한다. 위기 상황에서 빠른 대처가 가능하다.

3. 시스템 구축, 자리에 없어도 굴러가게
대표가 자리를 비워도 업무가 원활히 돌아가도록 매뉴얼과 권한 분산을 갖춰야 한다. 시스템이 대표 한 사람보다 더 강력한 힘을 발휘한다.

4. 말 한마디 예쁘게, 적을 만들지 않기
잘못은 솔직히 인정하고 빠르게 사과하라. 불필요한 자존심 싸움으로 시간 끌지 말고, 정중히 대안을 제시해 문제를 해결하면 오히려 관계가 돈독해진다.

5. 내가 지켜야 할 원칙, 반드시 관철
유연함과 원칙은 다른 문제다. 부드러운 태도 속에서도 회사의 핵심 원칙은 지키는 방향으로 가야 모두에게 인정받고 존중받는다.

배달 하나로 판을 뒤집다

: 위기에서 살아남은 기막힌 전략 :

코로나로 외식업 전반이 휘청이던 시기에 대다수 업주들은 손님이 줄어드는 상황을 속수무책으로 지켜볼 수밖에 없다고 여겼다. 그러나 G대표는 그저 주저앉아 있지 않았다. 평소 테이블에서 바로 끓여 먹는 샤부샤부 메뉴를 배달 형태로 전환하겠다는 과감한 발상을 내놓았다. 보통 샤부샤부는 뜨거운 국물과 다양한 야채, 고기를 따로 포장해야 하고, 조리 직전과 직후의 온도 유지가 중요해 '배달하기 어려운 음식'으로 분류됐다. 그런데 G대표는 오히려 남들이 불가능하다고 말하는 부분에 도전심을 느꼈고, "손님이 직접 끓여 먹는 과정을 어떤 식으로든 구현하면 되지 않을까"라는 아이디어를 현실화했다.

배달 서비스를 알리기 위해 그는 블로거들을 직접 찾아갔다. 단순히 홍보용 글을 부탁하기보다, 자신의 매장에서 준비한 샤부샤부 세트를 실제로 맛보게 하면서 배달용 포장도 직접 보여주었다. 마치 음식점을 통째로 옮겨온 듯한 이 구성과 정성은 블로거들에게 신선한 충격이었다. 평소 샤부샤부가 배달로는 어울리지 않는 메뉴라는 인식이 강했던 이들도 "이 정도 퀄리티라면 집에서도 충분히 샤부샤부를 즐길 수 있겠다"라고 평가했다. 그 호평을 시작으로 입소문이 나기 시작했고, 식사 손님이 급감해 텅 비어 있던 매장 분위기가 점점 살아났다. 결국 배달 샤부샤부는 예상외로 폭발적인 호응을 얻어, 코로나 시기를 맞아 대부분의 식당이 버티기조차 힘들어하던 그때 오히려 G대표의 매장은 더 큰 성장세를 보이게 되었다.

이처럼 위기를 성공으로 바꿀 수 있었던 건 G대표가 말 그대로 '발 벗고 뛰는 사장'이라는 점이 크게 작용했다. 그는 새로운 메뉴와 배달 방식을 혼자 고민하는 데에 그치지 않고, 손수 발로 뛰었다. 밤낮없이 연구한 포장 용기 개선안, 신속하게 육수와 재료를 나눠담아 고객이 직접 끓여 먹을 때도 불편함이 없도록 신경 쓴 세부 팁 등은 그가 머리로만 계획한 것이 아니라 현장에서 끊임없이 테스트한 결과물이었다. 단지 배달 업체에 의존하기보다 본인이 현장을 누비며 블로거들을 직접 설득했고, 피드백을 받아가며 포장 방식을 계속 개선했다. 그 성과가 눈에 보이면서 매장도 하나에서 세 곳으로 늘었다. 다른 업소들은 매출 하락으로 문을 닫는 판국에 매장을 확장할 수 있었던 건, 코로나라는 외부 충격에 굴하지 않고 틈새를 공략하겠다는 집념이 실질적 행동으로 이어졌기 때문이다.

무엇보다 G대표의 또 다른 강점은 직원 관리에서 돋보였다. 보통 업주와 직원은 위계관계로서 딱딱하게 이어지는 경우가 많다. 그러나 G대표는 외국인 노동자를 비롯해 모든 직원을 그저 '고용인'이 아니라 가족 같은 파트너로 대한다. 휴일이나 근무 편성에서 불이익을 주기보다 각자의 사정을 최대한 이해하고, 어려운 일이 있으면 먼저 물어보면서 사소한 부분까지도 돕는다. 이런 태도는 단순한 '좋은 사장님'이라는 미담으로 그치지 않고, 매장의 생산성을 끌어올리는 핵심 동력이 됐다. 실제로 G대표가 한 달가량 해외에 나가 자리를 비울 때도 직원들은 전혀 흔들리지 않고 매장을 안정적으로 운영했다. 오히려 매출 데이터를 점검하고 문제가 생기면 신속하게 대처하는 등, "사장님 부재 시에도 얼마든지 제대로 돌아갈 수 있다"는 사실을 증명해 보였다. 모두가 한마음으로 일한다는 믿음 아래, 매출이 오르면 서로 격려하면서 더 적극적으로 아이디어를 모으고, 위기가 닥쳐도 누가 먼저랄 것 없이 대응책을 찾아내는 등 흔들림 없는 조직문화를 정착시킨 것이다.

이러한 '튼튼한 조직문화'는 결코 하루아침에 생긴 게 아니다. 코로나 이전부터 G대표는 "사업의 성패는 사람에게 달렸다"고 말하며 직원들을 세심하게 챙겨왔다. 특히 외국인 노동자들이 겪는 언어적·문화적 장벽을 줄이려 직접 통역 앱을 활용해 대화를 시도하고, 주거 환경이나 가정 사정도 살피며 가능한 한 돕고자 애썼다. 덕분에 직원들은 가게 운영을 남 일이 아닌 내 일처럼 여기게 되었고, 함께 성장하는 데에서 보람을 느끼게 됐다. 또한 G대표는 회사가 확장돼 매장 수가 늘어날 때마다 직원들에게도 그 성과와 이익을 일정 부분 나누며, "함께 만들어온 결과이니 당연히 공유해야 한다"고 강조했다. 이런 태도가 사장과 직원 간의 거리를 좁혀주고, 위기에도 끄떡없이 버틸 수 있는 결속을 만들어준 셈이다.

결국 배달 샤부샤부라는 파격으로 업계를 놀라게 하고, 코로나를 오히려 도약의 기회로 삼은 데에는 G대표 특유의 '발로 뛰는' 실천력과 직원들과의 돈독한 관계가 있었다. 처음엔 번거롭고 어려워 보이던 샤부샤부 배달도, 불가능이라는 말을 듣자 오히려 더 의욕이 솟았고, 이를 믿어준 직원들과 하나의 팀이 되어 끊임없이 개선과 도전을 거듭했다. 결과적으로 손님들은 한 끼의 식사에서 맛과 편의, 그리고 따뜻한 응대까지 모두 누릴 수 있었고, 그 만족감이 직접적인 매출 상승으로 이어졌다. 코로나가 진정된 뒤에도 G대표의 매장들은 배달과 매장 방문 손님 모두를 성공적으로 잡아낸 사례로 주목받으며, 한동안 고전하던 외식업계에 적지 않은 귀감이 됐다.

한편 G대표는 늘 "처음부터 다 할 수 있다고 믿지 않았다. 단지 불가능이라던 문제를 어떻게 해결할지 시간을 들여 연구했을 뿐"이라고 말한다. 이 겸손한 태도와 동시에 실행으로 옮기는 추진력이 그의 저력이다. 덕분에 함께 일하는 직원들도 "우리라면 못 해낼 게 없다"는 긍정적인 마인드를 갖추게 됐고, 이를 바탕으로 매장 수를 세 곳으로 확장하더라도 기존의 서비스 퀄리티를 유지할 수 있었다. 이것이야말로 위기 속에 오히려 한 단계 상승한 비결이다. 대다수 식당들이 코로나를 거치며 어려움을 토로하는 동안, G대표는 배달을 통해 새로운 활로를 찾고, 직원들과 함께 회복을 넘어 확장까지 이루어냈다. 사장 혼자 매장을 살리는 것이 아니라, 모든 이가 적극적으로 참여하고 합심하는 조직문화를 만들어낸 덕분에 누구도 예상치 못했던 눈부신 결과를 만들어낸 것이다.

이처럼 G대표의 사례는 우리에게 분명한 메시지를 전한다. 남들이 꺼리는 작업에 뛰어드는 과감한 실행력, 직원들을 가족처럼 대하며 조직의 힘을 견고히 다지는 마음가짐, 그리고 본인이 직접 발로 뛰면서 고객과 소통하겠다는 열정, 이 모든 요소가 맞물려야 어떤 어려움도 돌파할 수 있다는 것이다.

저자가 주는 KEY POINT TIP

1. 위기는 남들이 안 하는 것을 도전할 기회
누구도 배달을 생각하지 않은 샤부샤부를 과감히 배달 형태로 선보여 성공했다. 틈새를 파고드는 아이디어와 실천이 핵심이다.

2. '사장'이 아닌 '함께 일하는 파트너'가 되자
외국인 직원과 국내 직원 모두를 가족처럼 챙기면서, G 대표는 직원들이 스스로 매장을 지키도록 장려했다. 주인의 부재에도 조직이 탄탄하게 돌아가는 구조가 이렇게 만들어진다.

3. 직접 뛰고, 직접 보여주면 신뢰가 쌓인다
블로거 관리나 음식 배달 등 가게 살리기 위해 앞장서는 모습은 주위 사람들에게 강력한 신뢰를 준다. 이는 가게 확장과 직원들의 동기부여로 이어지는 좋은 선순환을 만든다.

생각만 하면
아무것도 변하지 않는다

: 실행력을 극대화하는 3가지 원칙 :

"모든 건 결국 머릿속에만 담아두지 않고

글로 꺼내놓는 순간부터 비로소 움직이기 시작한다."

나는 하루하루의 목표와 스케줄을 머릿속에만 담아두지 않고, 반드시 글로 적어두려 애쓴다. 전날 밤, 30분 단위로 쪼개 작성한 다이어리가 기본이 되고, 핸드폰 캘린더와 카카오톡 '나에게 보내기' 기능까지 활용해 반복적으로 확인한다. 이렇게 여러 경로에 적어두면 깜빡하거나 놓칠 위험이 적고, 문득 생각날 때마다 참조하기도 편하다. 그뿐 아니라, 6개월 혹은 1년 뒤에 달성하고 싶은 목표도 구체적으로 적어놓는다. 그리고 뜻대로 풀리지 않을 상황까지 고려해 A·B·C·D

식으로 여러 대안을 미리 세워둔다. 한두 번의 상상만으로는 쉽게 흐지부지될 수 있으니, 이렇게 실제 글자로 남겨야 나 스스로도 '이건 내게 중요한 일이구나' 하고 다시금 각인한다.

"처음엔 '이것까지 적어야 하나?' 싶었지만, 막상 적어두니 깜빡하던 일도 줄고, 업무 효율이 확 높아졌다."

그렇다고 단지 적어놓는 것만으로 끝나진 않는다. CEO로서 내가 목표를 확실히 달성하기 위해서는, 꼭 입 밖으로 내서 주변에 알리는 과정이 필요하다. 예컨대 "이번 달에 이런 프로젝트를 시작하겠다"고 말해두면, 어느 날 직원들이 "대표님, 진행은 어디까지 되셨어요?"라고 물어볼 수 있다. 그러면 그 질문 자체가 내 실행력을 더욱 끌어올린다. 사실 매일 아침 카톡방에 문구를 공유하는 습관도 같은 맥락이다. 마음속으로 '내일 아침 올려야지'라고 다짐하는 것만으로는 작심삼일이 되기 쉽다. 하지만 누군가에게 "내일 꼭 할게요"라고 말해놓으면, 다음 날 실제로 옮기게 되는 확률이 훨씬 높아진다.

CEO로 지내다 보면 내 기분이나 컨디션이 회사 전체 분위기와 직결된다는 걸 자주 실감한다. 아무리 좋은 아이디어가 있더라도, 내가 우울하거나 짜증이 나면 그 파동이 고스란히 직원들에게 전달된다. 그래서 나는 하루 종일 내 상태를 모니터링하며, '내 컨디션이 곧 회사의 리듬'이라는 사실을 잊지 않으려 한다. 만약 기분이 다운되면 음악을 듣거나 짧게 걸으며 머릿속을 환기한다. 혹은 친한 지인에게 전화를 걸어 잠시 이야기하다 보면, 한결 가벼운 마음으로 업무에 복귀할 수 있다.

이처럼 목표를 구체화하고 실행력을 높이는 장치들을 마련하며, 동시에 'CEO로서의 기분 관리'를 철저히 하는 일은 결국 하나의 고리로 연결된다. 종이를 가득 채운 계획이 있어도 내가 의욕을 잃으면 흐지부지되고, 또 아무리 컨디션이 좋아도 명확한 목표가 없으면 동력을 얻기 어렵기 때문이다. '목표·실행력·컨디션' 이 세 박자를 매일 챙기는 것이, 내 일정을 빈틈없이 완수하고 회사 전체에 긍정적 에너지를 전하는 가장 확실한 방법이라고 믿는다.

저자가 주는 KEY POINT TIP

1. 목표는 머릿속에서 글로 끄집어내기
- 30분 단위 스케줄부터 6개월·1년 후 목표까지, 구체적으로 문서화하자.
- 여러 경로(다이어리·캘린더·메모 앱 등)에 분산 기록하면 놓칠 확률이 훨씬 줄어든다.

2. 대안은 여러 갈래로 준비
- A·B 정도가 아니라 A·B·C·D식으로 시나리오를 구상해두면 돌발 상황에서도 흔들림 없이 대처할 수 있다.

3. "입 밖으로 말하기"의 힘
- 주변에 공표해두면 책임감과 실행력이 자동으로 따라온다.
- 작심삼일로 끝날 일도, 누군가가 "잘 돼 가냐"고 물어보면 궤도 이탈을 막을 수 있다.

4. CEO의 컨디션은 회사의 리듬
- 기분이 울적하면 음악·산책 등 작은 장치로 즉시 전환해보자.
- 내 감정이 안정돼야 직원도 편안하게 아이디어를 펼칠 수 있다.

5. 주말 새벽 근무에도 마음 돌보기 필수
- 피곤을 방치하면 주 전체가 흔들릴 수 있다.
- 잠깐의 휴식이나 커피 한 잔으로도 분위기를 바꾸고, 기분 전환을 꾸준히 시도하자.

"생각만 하는 사람보다
실행하는 사람이 세상을 바꾼다."

스티브 잡스 (Steve Jobs)

완벽한 시작보다 빠른 실행이 답이다

: 도전의 힘을 믿는 리더십 :

어느 누구에게나 중학생 시절은 학교생활과 친구들과의 추억이 전부인 시기처럼 여겨질 수 있다. 하지만 P대표에게 그 시기는 이미 가족의 생계를 책임져야 했던 시작점이었다. 학업보다 생계가 우선이었던 그 상황 속에서, '무언가를 꼭 이뤄야 한다'는 다짐은 일찍부터 그의 마음 한구석에 자리 잡았다. 그리고 그 결심은, 결국 지금의 중견기업을 일궈내는 주춧돌이 되었다. 보통 여기까지라면 "이제 충분히 안정된 것 아닌가" 하는 시선이 뒤따르겠지만, 정작 P대표는 "아직도 갈 길이 멀다"라고 말한다. 성공에 대한 세간의 평가보다, 현실에서 자기 자신에게 부여한 책임이 훨씬 무겁다는 뜻이다.

P대표가 책임져야 할 존재는 단지 가족만이 아니다. 이제

는 그가 이끄는 회사 임직원들의 미래도 함께 짊어지고 있다. 흔히 말하는 '회사가 커지면 대표는 좀 여유로워지지 않을까'라는 기대와 달리, 그는 매일 더 높은 목표를 새로 제시한다. 주말에도 쉬지 않고 일하는 일상은 예삿일이고, "시간이 없어서"라는 핑계를 거부하듯 체력단련과 식단 관리 또한 엄격하게 이어간다. 바쁜 일정에서 운동까지 챙기는 이유를 묻는 이들에게, P대표는 "결국 몸이 받쳐주지 않으면 한계가 올 수밖에 없다. 내가 가진 시간은 한정되어 있으니, 그 안에서 효율을 높이려면 체력 또한 필수"라고 답한다. 실제로 그는 출근 전 새벽 운동을 하고, 업무 중간에 기회가 생기면 짧은 스트레칭을 곁들이는 등 하루 일정을 매우 빡빡하게 운영한다. 주변에서는 "저렇게까지 일해도 괜찮은 걸까?" 걱정하면서도, 한편으로는 그에게서 뚜렷한 의지와 에너지를 느끼며 감탄하곤 한다.

무엇보다 인상적인 건, 그렇게 바쁜 와중에도 자기개발이나 성장 기회를 놓치지 않는 부분이다. 많은 사람이 일정이 빡빡해지면 '여유가 없다'며 핑계를 댄다. 그러나 P대표는 "보통은 시간이 아니라, 의지가 부족한 것"이라고 단언한다. 그는 이동 시간이나 식사 시간조차도 허투루 보내지 않고, 업무 관련 자료나 신기술 트렌드를 빠르게 훑어본다. 혹은 간단한 문자나 메일을 그 순간 처리해서, 책상에 앉았을 때는 더 중요한 일에 집중할 수 있도록 효율을 끌어올린다. 가끔은 이런 '틈새 계획표'를 보고서 "너무 힘들지 않느냐"고 묻는 이들도 있지만, P대표가 보기엔 차라리 이런 방식을 통해 매 순간을 긍정적으로 '채우는' 게 훨씬 즐겁고 보람찬 일이다. 여기에 더해 운동과 규칙적인 생활 습관을 병행하니, 정작 본인은 체력적으로 더 나아졌다고 느낀단다.

그렇다고 해서 모든 시기가 순탄하기만 했던 건 결코 아니다. 중학생 시절에 가족을 책임지기 시작했을 때는, 매달 생활비부터 마련해야 하는 막막함이 있었다. 그는 "그때마다 어떤 일이든 '절대 굴하지 말고 해내자'는 생각이 절실했다"고 떠올린다. 그래서인지, 지금 직원들과 대화할 때도 늘 "우리가 부딪히는 문제라는 게 사실 다 해결 가능한 것들이다. 필요한 건 시간과 의지 그리고 노력뿐"이라고 강조한다. 이렇게 대표가 스스로를 채찍질하니, 직원들도 쉽게 흐트러지지 않는다. 이른 아침 출근해 밤늦게 퇴근하는 대표의 모습을 보면 "나는 한가운데서 제대로 일하고 있는가?"라는 질문이 자연스레 든다는 것이다. 회사가 그만큼의 성과를 내는 것도, 결국 이런 리더의 태도가 조직 전체에 스며들었기 때문이라고 직원들은 말한다.

P대표가 추구하는 목표 달성을 위한 전략은 분명하다. "더 연구하여 특화된 제품을 개발하는 : 핵심기술과 사람을 기반으로 워라벨을 추구하며 하나가 된다." 끊임없는 연구와 고민으로 시장을 개척하고, 지역에 제한 없이 모든 고객이 가장 먼저 찾는 전국구 기업으로 도약하겠다는 비전이다. 또한 일과 삶의 균형을 추구하기 위해 가족친화기업인증, 강소기업인증 등을 추진하며, 조직 문화 전반을 건실하게 다져나가고 있다.

이처럼 P대표는 스스로를 한계까지 몰아붙이면서도, 그 의도가 결코 '개인 영광'에 머무르지 않도록 늘 주의를 기울인다. 그가 더 성장하겠다고 말하는 이유는, 곧 직원들의 처우와 안전을 향상시키고, 함께 일하는 파트너사들에게도 더 큰 기회를 주고 싶어서다. 젊은 시절부터 가족을 지키기 위해 노력해온 사람답게, 이제는 그 책임감이 회사 전체로 확장되었다. "내가 성장하는 만큼 직원과 가족, 그리고 이 조직 전체가 안전해진다"고 확신하기에, 그는 매년 달성해야 하는 새 목표를 적극적으로 발표하고, 모두가 그 목표에 스스로 도전하도록 분위기를 만드는 것이다.

결국 중학생 시절부터 가족을 책임져야 했던 절박함이, 오늘날의 기업 성장과 그에 얽힌 조직의 발전을 만들어냈다. 그리고 아직도 그는 "아직 더 달려야 한다"고 외친다. 그 다짐은 일종의 자기 주문처럼 들리지만, 그런 끝없는 전진이야말로 누구도 흉내 내기 힘든 힘이다. 시간을 어떻게 쓰느냐, 어떤 마음가짐으로 하루를 보내느냐는 결국 스스로에게 달려 있다는 걸, P대표는 몸소 증명 중이다. "해냈다고 방심하기엔 아직 시작에 불과하다"는 그의 철학은, 하룻밤 사이에 이룰 수 있는 건 아무것도 없으나, 조금씩 전진하는 사람이야말로 가장 멀리 도달한다는 사실을 다시금 상기시켜 준다.

저자가 주는 KEY POINT TIP

1. 가장 중요한 건 꾸준히 달리는 태도
시간 부족은 핑계일 뿐, 효율적으로 움직이는 법을 찾아야 한다. P 대표처럼 매 순간을 채워나가는 자세가 성과로 이어진다.

2. 동기부여와 책임감이 함께할 때
가족을 책임지겠다는 절박함이, 이제 직원들과 파트너사까지 아우른다. 그 책임감이 흔들리지 않는 추진력을 만든다.

3. 해냈다 해도 방심하지 않는다
이미 300억 원을 달성하고도, "아직 멀었다"며 더 달리는 태도가 결국 조직 전체의 성장을 이끈다.

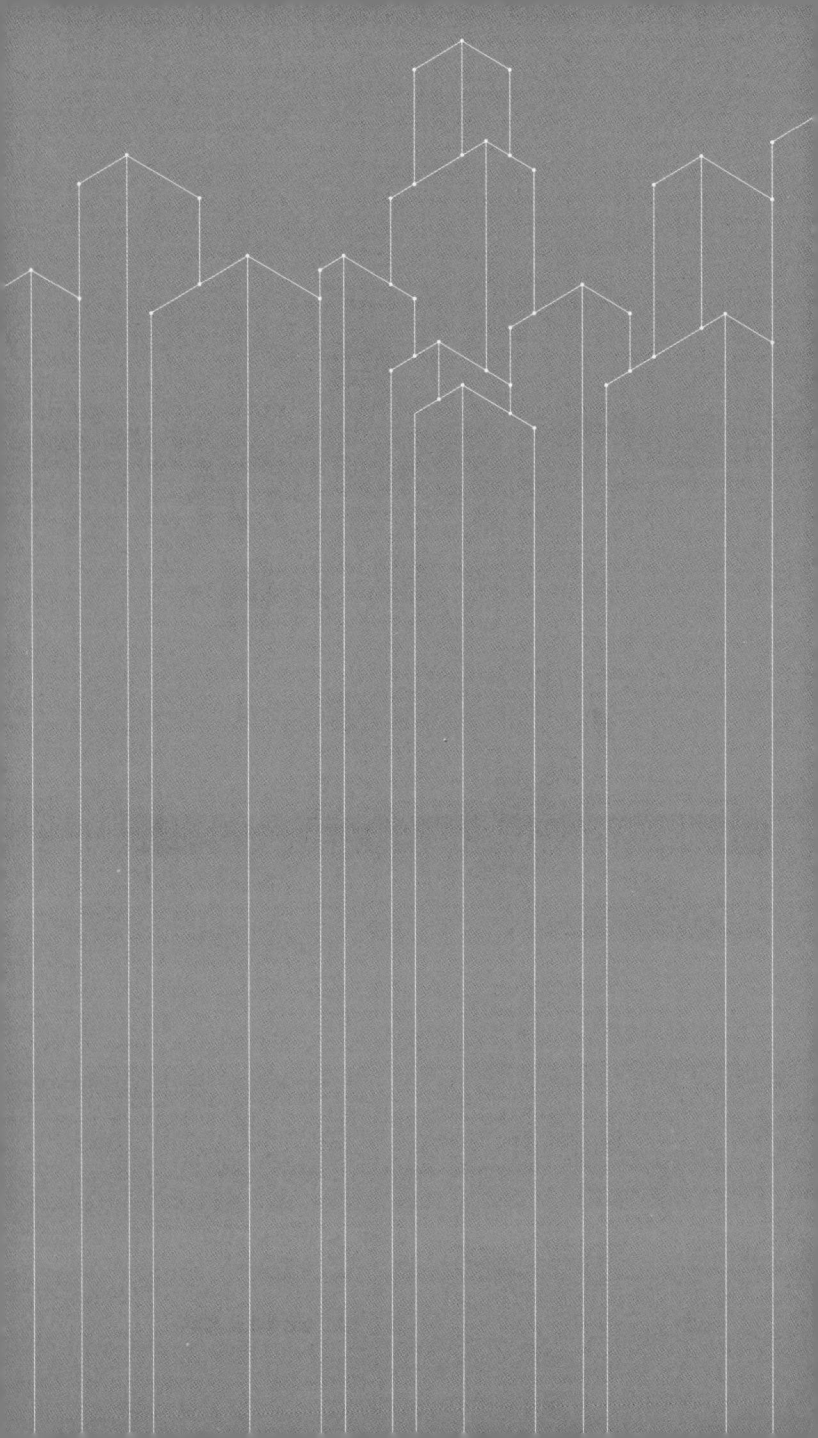

PART 2
네트워크가 만든 기회

– 관계를 구축하는 법

사람과의 연결이
결국
성장을 만든다

내성적인 성격도 강력한 무기가 될 수 있다

: 새로운 방식으로 고객을 사로잡다 :

   서울대 최고산업전략과정에서 만난 P대표는 특별한 존재감으로 내 시선을 사로잡았다. 처음에는 그저 나이도 비슷하고 말수도 적은 평범한 동기생으로만 보였다. 하지만 그가 보여준 겸손한 태도와 묵묵히 궂은일을 도맡는 모습은 점차 나의 호기심을 자극했다. 나중에야 알게 된 사실이지만, 그는 이미 상장을 앞둔 꽤 규모 있는 회사의 대표였다. 이 사실을 뒤늦게 알았을 때의 놀라움이란 이루 말할 수 없었다. 대표라는 직함이 무색할 만큼 그의 겸손한 태도는 오히려 더 깊은 인상을 남겼다.

   그의 모습에 대한 궁금증이 커져갈 무렵, 수업이 끝난 뒤 자연스레 대화를 나눌 기회가 찾아왔다. 직접 마주한 P대표는 더욱 의외였다. 자신의 위치나 성과를 내세우기는커녕, "여러 사람과 함께할 수 있어서 기쁘다"는 말로 대화를 시작했다. 그의 한결같은 겸손함은 주변 사람들로 하여금 자연스럽게 마음을 열게 만들었다. 이는 단순한 겸양의 말씀이 아닌, 그의 진정성이 묻어나는 순간이었다.

이후 P대표와 자주 교류하면서 흥미로운 사실을 알게 되었다. 놀랍게도 그는 상당히 내성적인 성격의 소유자였다. 특히 화장품 업계에서는 영업력이 성패를 좌우하는데, 내성적인 성격으로 인해 직접적인 영업에 어려움을 겪었다고 한다. "사실 저는 사람 많은 곳에서 이야기하는 게 부담스러워요. 그래서 아예 다른 방식을 찾아보자고 마음먹었죠." 이런 고민 끝에 그가 선택한 것이 바로 '유튜브 마케팅'이었다.

"어차피 도전해야 한다면, 제가 더 즐길 수 있는 방식을 찾고 싶었어요." 그는 기존의 현장 영업과는 전혀 다른 접근법을 시도했다. 주변의 우려에도 불구하고 결과는 대성공이었다. 유튜브라는 플랫폼의 특성을 살려 제품을 홍보하고 고객과 소통을 이어가자, 그 반응은 국내를 넘어 해외까지 퍼져나갔다. "지도를 펼쳐놓고 우리 제품이 진출한 국가들을 하나씩 표시해보는 재미가 쏠쏠합니다." 내성적이라 여겨졌던 그에게서 이런 창의적인 도전 정신이 나온다는 사실이 내게는 큰 깨달음으로 다가왔다.

그렇다고 P대표의 일상이 분주하기만 한 것은 아니다. 오히려 그의 하루를 들여다보면 특유의 여유가 느껴진다. "주말에도 쉬지 않는다"는 말의 진의는, 하루를 5분 단위로 쪼개어 가장 효율적으로 활용한다는 의미다. 그의 스케줄은 빼빼하지만, 실제로 마주하면 잔잔한 미소와 함께 여유가 넘친다.

"제가 직접 운전을 하지 않는 이유요? 그 시간에도 제게 더 가치 있는 일을 하고 싶어서죠." 그는 이동 시간조차 업무나 자기계발을 위한 시간으로 활용하는 데 익숙하다. "골프는 치지 않으시나요?"라는 질문에 "굳이 시간이 많이 걸리는 취미는 잠시 미뤄두고 있어요. 그 시간에 책 한 권이라도 더 읽고, 필요한 사람과 더 깊이 대화하고 싶거든요"라고 답했다. 이처럼 철저한 시간 관리 속에서도, 정작 사람들과 마주할 때는 누구보다 온전히 집중한다. "시간을 아끼는 이유는, 정작 중요한 순간에 더 많은 시간을 쓸 수 있기 때문이에요." 이 말 속에는 단순한 성공을 넘어선, 삶의 본질에 대한 깊은 고민이 담겨 있었다.

P대표가 가진 또 하나의 매력은 그만의 독특한 '투자 철학'

에 있다. 화장품 업계에서 쌓은 경험과 자본을 바탕으로, 여러 분야의 후배 사업가들에게 투자를 하고 있다. 그런데 그의 투자 기준이 남다르다. "수익성보다 그 사람의 인성을 먼저 봅니다." 돈이 걸린 문제에서 인성을 우선시하는 것이 비효율적으로 보일 수도 있지만, 그의 생각은 다르다. "결국 사람과 사람이 만드는 일이니까요. 돈이 아무리 많이 오가도, 신뢰가 없으면 지속될 수 없어요." 실제로 그는 투자한 사업장들을 정기적으로 방문해 진솔한 대화를 나누고, 세세한 부분까지 살피며 조언을 아끼지 않는다.

"CEO들이 타인의 성공을 진심으로 기뻐해주는 경우가 드문데, P대표는 늘 그렇게 해주세요"라는 말을 들었을 때, 그가 왜 '큰 그릇'으로 불리는지 다시 한번 깨달았다. 그는 자신의 자원을 나누는 데 인색하지 않으며, 그 과정에서 '사람'을 가장 중요하게 여긴다. "우리 회사도 결국 사람들이 모여 만드는 것이잖아요? 다른 회사도 마찬가지고요." 이 말처럼 그는 자신의 네트워크를 선한 영향력으로 확장해나가고 있었다.

나는 종종 "내가 만나는 사람들로 인해 내 시야가 결정된다"라는 말을 가슴에 새긴다. P대표는 그런 점에서 더 열심히 배우고, 더 넓게 소통하며, 더 깊이 투자하는 대표적인 인물이다. 서울대 최고산업전략과정을 수료하는 동안에도 막내처럼 궂은일을 도맡았고, 틈나는 대로 독서와 자기계발에 몰두했다. 주말이면 시간을 쪼개 후배 대표들과 만나 사업 아이디어를 나누는 것도 잊지 않는다. 바쁜 일정 속에서도 결코 놓치지 않는 것은 '사람에 대한 진심'이다.

P대표의 여정은 단순한 '성공 스토리'를 넘어선다. 내성적인 성격이라는 특징을, 자신만의 방식으로 승화시킨 과정을 보여준다. 주목할 만한 점은, 그가 결국 항상 '사람'에게로 귀결된다는 것이다. 유튜브 마케팅으로 전 세계에 진출하면서도, 5분 단위로 시간을 쪼개면서도, 가장 중요한 순간에는 "함께하는 사람들과 성장하고 싶다"는 그의 진심이 빛난다.

이러한 결실은 하루아침에 이루어지지 않았다. 오랜 시간 쌓아온 신뢰, 진정성 있는 응원, 그리고 꾸준한 자기관리가 더해져 비로소 완성되었다. 그의 모습은 현대의 많은 리더들이 놓치기 쉬운 '겸손'과 '소통'의 가치를 다시금 일깨운다. 내성적이든 외향적이든, 그 모든 특성은 자신만의 강점이 될 수 있음을 P대표는 몸소 보여주고 있다.

"시간과 사람은 투자할수록 자라나는 자산"이라는 그의 철학처럼, 남다른 시간관리 습관, 유튜브 마케팅의 성공, 그리고

'인성'을 중시하는 투자 철학까지. 이 모든 것이 어우러져 P대표라는 '큰 그릇'을 만들어냈다. 앞으로 그가 써내려갈 새로운 이야기가 기대되는 것은, 어쩌면 당연한 일인지도 모르겠다.

저자가 주는 KEY POINT TIP

1. 나만의 강점으로 돌파구 찾기
모든 사람에게 적합한 정답은 없다. 자신의 특성과 강점을 살릴 수 있는 새로운 방식을 끊임없이 탐구하라.

2. 신뢰를 키우는 진심 어린 소통
꾸준한 노력으로 신뢰를 쌓고, 진심 어린 소통으로 관계를 강화하며, 그 과정에서 즐거움을 잊지 말아라.

3. 작은 성과를 기회로 연결하기
작은 성과가 쌓이면 자연스럽게 기회가 열리며, 이를 활용해 점진적으로 더 큰 비전을 실현하라.

겸손이
가장 강한 무기가 될 때

: 작게 시작해 크게 성장하는 법 :

가끔은 정말 대단한 스펙이나 자본이 아니라, 진정한 '사람 냄새'와 겸손함이 기업을 키운다는 사실을 새삼 깨닫게 해주는 이들이 있다. S대표가 바로 그렇다. 스스로를 그저 "저 김밥 하는 사람이에요"라고 낮춰 부르며, 김밥 전문 직영점을 운영하는가 하면 만둣집, 이자까야, 대형BAR 사업에도 도전하고, 끊임없이 새로운 프랜차이즈 모델을 발굴해나가는 그 행보는 놀랍도록 폭넓고 역동적이다. 하지만 정작 본인은 "그냥 이것저것 배우는 게 재밌어서 움직인다"라는 말로 일축하곤 한다. 그 말엔 결코 가벼움이 아닌, 오히려 단단한 실행력과 오픈마인드가 깃들어 있다.

무엇보다 인상적인 건 그의 겸손함이다. 직영점 전체를 운영하고, 해외진출을 앞두고있고, 회사도 날로 커져가고 있지만 S대표는 늘 신입사원처럼 맨손으로 뛰어다닌다. 일부러 소형차를 타고 건물주들을 만나러 가기도 하는데, 이는 단지 검소해 보이려는 퍼포먼스가 아니라 "잘나 보일수록 임대료만 올라가더라"라는 스스로의 경험담에서 비롯된 전략이라고 한다. 실제로 한 건물주는 과거 S대표가 좋은 차를 타고 다닐 때마다 임대료 인상을 요구해왔다고 한다. 그 일 이후, 그는 오히려 "초심으로 돌아가자라는 마음을 가져야 내 스스로도 늘 정신 바짝 차리게 된다"라고 말한다. 그 유연하고 전략적인 태도는, 성공해도 교만하지 않는 겸손함의 표본처럼 여겨진다.

S대표와 함께하는 사람들은 입을 모아 말한다. "저 사람은 스무 살, 서른 살 어린 후배나 신입직원의 가능성까지 놓치지 않고 배우려고 해요." 실제로도 그는 나이, 직급을 가리지 않고 배울 점이 있으면 기꺼이 찾아가고, 그것을 자기 회사에 곧바로 적용한다. '마케팅이 중요하다' 싶으면 요즘 각종 SNS 마케팅을 잘하는 동종업계 대표들을 매주 만나러 다니고, "시스템 관리를 잘하는 업종"으로 알려진 미용업계 사례도 접목하려고 꼼꼼히 컨설팅을 받는다. 이렇듯 새로운 지식을 흡

수하는 데 거리낌이 없는 오픈마인드는 S대표의 또 다른 장점이다.

자기 자신을 낮추는 겸손함, 그리고 어떤 모임에서든 먼저 다가가 묻고 듣는 적극적 자세는, 자연스레 네트워크 확장의 선순환을 이룬다. 김밥부터 시작해 만둣집, 이자까야, 대형 BAR까지 여러 프랜차이즈를 직영 형태로 운영하면서 경험해보니, 외부의 신선한 아이디어가 늘 필요하고 변화를 두려워하면 금세 매출이 정체되더란다. 그래서인지 그는 주말에도 종종 현장에 직접 나가거나, 업계 세미나나 소규모 컨퍼런스에 참석한다. "가만히 있으면 기업도 딱 그 정도에서 멈춘다"라고 말하는 그의 목소리에선, 아침 일찍 문을 여는 김밥집 사장의 부지런함이 그대로 느껴진다.

특히 성공 요인을 묻자, 그는 "시스템을 끊임없이 최적화하는 것"이라 답한다. "처음엔 운전기사와 고급차를 이용해 바삐 움직였지만, 보여주기식 생활을 하면 기업 운영비까지 같이 올라가는 구조가 생기더라"라며 웃는다. 이런 전략적 '낮춤' 덕분에 S대표는 비용 구조를 슬림화하고, 건물주들과도 상생 관계를 이어가며 점포 확장에 유리한 조건을 협상해온 것이다. 반면 "일이 잘되면 언제든 그만큼 대우를 받아야 한다"가 아닌, 오히려 "잘되는 이유를 더 철저히 분석해 내 것으로 만들겠다"라는 태도가 그의 진짜 무기다.

S대표를 보는 사람들은 입을 모아 말한다. "늘 주말에도 일을 한다더니, 쉬는 날에도 만나보면 사람들을 부지런히 찾아다니며 노하우를 배우고 다녀요." 이처럼 엄청난 열정의 원천은 어디에서 나오냐고 물으면, 그는 한결같이 "배우는 게 가장 재밌다"라고 웃어넘긴다. 스스로도 "이렇게 몸과 시간으로 부딪치는 게 결국 경영의 핵심을 깨닫는 과정"이라면서, 가장 신뢰하는 임직원에게도 같은 길을 권유한다. 만약 젊은 직원이나 지인이 고민할 때면, "사장 노릇은 누구나 할 수 있지만, 제대로 배워두지 않으면 오래 못 가요. 같이 뛰면서 배워봅시다"라고 이끈다. 현장에서 배우고, 현장에서 성장하는 오픈마인드의 문화가 그의 회사 전반에 스며 있는 셈이다.

또 다른 흥미로운 점은, 주변 대표들이나 협력업체의 소개로 각종 리더들과 스스럼없이 연결되고 협업의 문을 여는 모습이다. "서로 자기 일처럼 서로를 돕는다"라는 말이 정말 그대로 실천되고 있는 셈인데, 이 상생의 분위기가 신규 브랜드나 직영점 오픈 때마다 큰 도움이 되고 있다. 어떤 협력사가 자신에게 맞지 않다면 과감히 바꾸되, 바꿀 만한 자원을 도

처에서 찾아내는 능력도 갖추었다. 이 과감함과 네트워킹 능력의 배후에는, 사람을 쉽게 단정 짓지 않고 배울 점을 찾으려는 겸손과 열정이 함께한다.

지금도 그는 끊임없이 새로운 아이템과 시스템 구축을 시도한다. 김밥이건 만두건, 이자까야건 대형BAR건, 결국 음식업 특성상 언제든 유행이 바뀔 수 있다는 걸 잘 알기에, "오래 가려면 더 깊게 파고들어야 한다"라는 말을 자주 한다. 한 예로 어느새 몇 번째인지를 잊을 만큼 컨설팅 회사들을 돌아다니며 미용업·마케팅회사 등 전혀 다른 업계를 벤치마킹하고, 구체적인 성공 사례를 뽑아 자신의 사업장 운영 시스템에 접목한다. "아무리 바빠도 시스템은 시스템대로 갖춰야 확장할 수 있다"라는 말엔, 이미 몇 번의 시행착오로 깨달은 노하우가 담겨 있다.

그래서일까, 주말이나 휴일에도 출근해 업무를 하든, 어디론가 배움을 찾아가든, 그의 표정엔 싫증이나 권태로움이 느껴지지 않는다. 스스로가 말하듯, "그래서 더 즐겁게 일한다"라는 긍정 에너지가 사람들에게 고스란히 전해진다. 그러다 보니 "힘들기는 해도, 사장을 보면 더 열심히 해보고 싶어진다"라며 주변도 자연스레 함께 성장한다. 그렇게 사람과 사람을 연결하고, 어려운 순간엔 겸손하게 배움을 구하면서, 성장을 기쁘게 나누는 문화가 S대표가 만든 조직을 단단히 지탱해주는 비결이라 할 수 있다.

저자가 주는 KEY POINT TIP

1. 겸손을 전략적으로 활용하라
시간 부족은 핑계일 뿐, 효율적으로 움직이는 법을 찾아야 한다. P 대표처럼 매 순간을 채워나가는 자세가 성과로 이어진다.

2. 내가 먼저 사람을 찾아가고, 먼저 공유하라
스스로 문을 열면 네트워크가 자연스럽게 확장된다. 나눌수록 커지는 '배움과 협력'의 문법이, 의외의 위기나 확장기에 힘을 발휘한다. 한두 번으로 끝내지 말고, 늘 몸으로 직접 부딪쳐 보자.

사람을 얻어야 돈도 따라온다

: 관계가 기회를 만드는 진짜 원리 :

나 자신이 누군가에게 도움이 필요할 때, 언제든 손을 내밀 수 있고 그 손을 반갑게 맞아줄 사람들이 있다는 건 참 든든한 일이다. 하지만 그런 '나의 인맥 자산'은 하늘에서 뚝 떨어지지 않는다. 늘 먼저 베풀고, 작은 도움도 기꺼이 실천하며, 여러 분야의 전문가들과 긴밀한 관계를 구축해온 덕분에 나는 '빠른 의사결정'과 '유연한 사업 확장'을 누릴 수 있었다.

나는 주변에서 누군가 도움이 필요하다고 하면, 큰일이든 작은 일이든 일단 최선을 다해 도와주려 한다. 때론 "내가 뭘 해줄 수 있겠어?" 싶을 만큼 사소한 일이더라도, 누군가에게는 절실한 순간일 수 있다. 이런 식으로 서로 돕다 보면, 내가 위기에 처했을 때도 주저 없이 도움의 손길을 받을 수 있다는 것을 여러 번 체감했다.

　한 번은 요소수 사태가 한창일 때였는데, 마침 버스회사를 운영하는 지인이 있어 그를 통해 긴급 물량을 구해 무사히 해결했다. 이런 식으로 서로 돕다 보면, 내가 위기에 처했을 때도 주저 없이 도움의 손길을 받을 수 있다는 것을 여러 번 체감했다.

　이처럼 평소에 사소한 도움이라도 마다하지 않고 먼저 베풀면, 나중에 상황이 바뀌어 내게 도움이 절실할 때도 사람들이 기꺼이 움직여 준다. 인맥과 네트워크가 '보답' 형태로 작동하는 것이다.

　선물이나 일을 준다든지, 경조사나 행사에 참석한다든지, 재능기부를 한다든지, 상대방의 하소연을 들어준다든지…

　시간과 마음을 아낌없이 써서 고객·거래처·협력사를 "미안할 정도"로 만들어라. 보상을 기대하지 않고 그냥 도와줘라. 언제일지는 모르지만, 그들이 나를 도와주는 순간이 반드시 찾아온다. 그럼에도 불구하고 나의 배려와 고마움을 모르는 사람이라면 과감히 버려라. 사람은 고쳐 쓸 수 없고, 내 마음과 같지 않을 때가 많다.

　사업을 하다 보면 법률·세무·노무·행정 등 각종 전문 분야와 맞닥뜨릴 일이 많다. 나는 그래서 변호사·법무사·행정사·세무사·노무사 등 분야별 전문가들과 오랜 시간 신뢰를 쌓고, 친밀한 관계를 유지하려 애쓴다.

단순히 "돈 내고 서비스받는" 관계로 그치는 게 아니라, 이들이 내 사업을 오랫동안 지켜보고 이해하도록 충분히 대화하고 정보를 공유한다. 그러면 내가 새로 생긴 이슈나 고민을 간단히 설명만 해도, 이미 내 사업의 배경과 이력을 잘 아니까 빠르고 정확하게 해결책을 제시해준다.

특히 노무사의 경우, 한 회사를 정말 깊이 이해하지 않으면 효과적으로 대응하기 어렵다. 직원 채용 구조나 급여 체계, 회사 문화 등을 속속들이 알아야 노사관계 이슈나 법적 문제를 바로잡을 수 있기 때문이다. 그래서 나는 노무사를 여러 번 바꾸면서 "우리 회사 일에 진짜 애정을 갖고 함께 고민해줄 사람이 필요하다"는 점을 절감했다.

전문가뿐 아니라, 나는 여러업종의 대표들까지 다양한 인맥풀을 갖고 있다. 이들과 맺은 협약이나 MOU를 더 확장하고 싶을 때, 예컨대 "요즘 보험회사 쪽으로 더 다양한 제휴를 만들고 싶어"라고 주변에 말만 꺼내도, 관련 인맥이 금세 연결되어 확장이 이뤄지는 경우가 많다.

이렇듯 서로를 소개하고 연결해주는 체계가 잘 돌아가는 건, 평소에 쌓아둔 신뢰와 빠른 피드백 덕분이다. 그래서 나는 카톡이나 전화를 실시간으로 빠르게 받아주고, 문의가 오면 곧장 답을 주려 노력한다. 나도 사업을 해보니 시간 지연이란 게 굉장한 리스크가 된다는 걸 많이 경험했다.

"신속 정확"으로 대표되는 태도는 단순히 일 처리를 빠르게 한다는 의미를 넘어, 내게 도움을 청하는 사람에게 "이 사람이면 믿고 맡길 수 있구나"라는 확신을 심어준다. 그리고 그 사람이 나중에 새로운 사업 기회를 발견하면, 가장 먼저 나를 떠올려 연락하는 식으로 선순환이 벌어진다.

저자가 주는 KEY POINT TIP

1. 사소한 도움도 전력을 다해주자
작은 문제라도, 상대에게는 목숨줄 같은 절박함일 수 있다. 내가 먼저 베풀면, 나중에 배로 되돌아온다. '인맥 자산'은 거창한 이벤트가 아니라, 일상의 작은 호의가 모여 형성된다.

2. 전문가 집단과 긴밀하게 관계 맺기
변호사·노무사·세무사·행정사 등 다양한 전문가에게 내 사업의 배경과 고민을 공유하라. 그래야 문제 상황이 닥쳤을 때 신속하고 정확한 도움을 받을 수 있다. 단순히 '고객-서비스 제공자' 관계를 넘어서, 서로 파트너십을 형성해두면 훨씬 탄탄한 협업이 가능하다.

3. 카톡·전화, 신속 대응으로 신뢰 쌓기
"언제든 연락하면 곧장 대응해준다"는 인상을 심어주면, 상대는 내가 필요한 순간 가장 먼저 날 찾게 된다. 의외로 이런 빠른 피드백이 다른 사람들에게 "이 사람, 진짜 일 잘해"라는 이미지로 굳어진다.

4. 주변 인맥을 공유하고, 협업을 확장하자
"나, 이런 분야를 더 키우고 싶어"라고 주변에 얘기해보라. 이미 신뢰가 쌓인 네트워크 안에서는 의외로 빠른 연결이 이뤄진다. 뿌리 깊은 인맥이 상호 소개로 이어지면, 사업 확장은 훨씬 수월해진다.

"성공은 내가 아는 것이 아니라,
내가 누구를 아느냐에 달려 있다."

하비 맥케이 (Harvey Mackay)

직관을 믿어라, 감각은 거짓말하지 않는다

: 날카로운 선택이 만든 성공 :

　어느 모임에서든, 유난히 '눈에 잘 띄지 않지만 묵묵히 버티는 사람'이 있다. 겉으로는 가볍게 보일 수 있어도, 막상 하나를 뚫고 나면 열 개 스무 개까지 단번에 해내는 놀라운 추진력을 가진 이들 말이다. 인테리어 업계에서 경력을 쌓아온 L대표 역시 그중 한 사람이었다. 몇 해 전, 나와 동갑인 그는 한 대표자 모임에 소속돼 있었는데, 처음엔 모임의 주축인 나이 많은 CEO들 틈에서 그저 '어린 후배'처럼 묻혔다. 그런데 1~2년이 지나자, L대표의 앞자리에 놓인 프로젝트 목록이 부쩍 길어지기 시작했다. 심지어 매출은 이전보다 15배나 상승하여 사람들을 깜짝 놀라게 했다. 어떻게 이런 성장이 가능했을까?

그가 처음부터 화려한 스포트라이트를 받은 것은 아니었다. 특히 인테리어와 같이 건당 계약액이 큰 업종에서는 신뢰를 얻기가 쉽지 않고, 더욱이 나이도 어린 축에 속했기에 더욱 참아야 할 시간이 길었다. 그러나 L대표는 묵묵히 버텼다. 모임에서 일이 없을 때도 꿋꿋이 존재감을 지켜나갔고, 소위 '매출 큰손'들을 상대하는 데서 오는 상대적 박탈감도 드러내지 않았다. 그러면서도 "언젠가는 꼭 찾아올 기회를 붙잡겠다"는 마음으로, 매일 꾸준히 업계 트렌드를 공부하고 프로젝트 아이디어를 다듬었다고 한다. 실제로 그가 병원 인테리어 분야로 확장하여 성공한 사례만 봐도, 결코 하루아침 성과가 아니었음을 짐작하게 된다.

그런데 정작 L대표가 더 돋보이는 지점은 '인테리어'를 넘어서는 확장 능력이다. 그는 인테리어로 매출을 올리면서도, 동시에 신사업 정보를 누구보다 발 빠르게 파악했다. 생소하거나 유행이 막 시작되려던 아이템을 미리 예측하고는, "이거 곧 크게 뜰 겁니다"라고 자신 있게 말하곤 했다. 많은 사람들은 "L대표는 '감'이 탁월하다"고 칭찬했다. 사실 이는 단순 '감'이라기보단, 매일 끊임없이 업계를 살피고 신제품과 새로운 모델을 기민하게 조사하는 그의 꾸준함이 만든 결과이기도 하다.

사람을 대하는 그의 태도 역시 한결같다. 그 스스로도 "적을 만들지 않는다"를 신조로 삼는다고 했다. 처음에는 다소 냉정하게 들릴 수도 있다. 실제로 그가 강조하던 '평행선 원칙'은 "사람과 사람 사이에는 반드시 일정 거리를 유지해야 오래간다"라는 것이다. 이 말을 들은 누군가는 "너무 차갑지 않나?"라고 의문을 품을 수 있지만, 그의 진짜 의도는 오히려 '오래 가는 관계'를 지키기 위함이다. 너무 격없이 친해지면 실수나 결례가 발생하기 쉬운데, 적당한 거리는 예의를 지키고 서로를 존중하도록 도와준다는 것이다. 바로 이 특유의 원칙 덕분에 L대표는 모임 안팎에서도 적을 만들지 않고, 필요하면 늘 협업할 수 있는 든든한 파트너들을 형성해왔다.

　흥미로운 것은, 이러한 태도가 곧 성장을 이끌어주는 열쇠가 되었다는 점이다. 각종 프로젝트 현장에서 얽힌 관계자들과 큰 문제 없이 지내다 보니, 누군가 병원 인테리어를 추천해야 할 때 자연스럽게 L대표의 이름을 떠올렸다. 그가 소개받은 '새로운 신사업' 아이템도 대부분 이런 원만한 인간관계 속에서 들어온 이야기들이었다. 물론 L대표가 제안받는 모든 아이템에 곧장 뛰어드는 것은 아니다. 다만, 그의 취사선택 원칙은 분명하다. "시장에 파급력이 큰가? 내 전문영역과 접점이 있는가? 아니면 확실한 이익이 예상되는가?" 이 세 가지를 면밀히 검토한 뒤, 한 번 결정하면 뒤도 돌아보지 않고 밀어붙이는 추진력이 돋보인다. 실제로 인테리어와 병원 분야가 시너지를 내면서 큰 폭의 매출 증가를 이뤘고, 새롭게 관심을 보이는 아이템들은 아직 조용하지만 분명히 뜰 날을 기다리는 것들이다.

한편, "평행선 원칙"은 인간관계뿐 아니라 비즈니스 파트너십에서도 큰 도움이 된다고 한다. "사람이든 일이든, 너무 얽히지 않게 선을 유지해야 오래간다"고 말하는 그는, 과도한 감정 개입보다는 적정 거리를 유지하며 차분한 협상을 하는 편이다. 예를 들어 인테리어 업체와 고객(병원 원장 등) 사이에서 무리한 요구가 오갈 때, 그는 개인 감정을 배제하고 예산·스케줄·완성도 등 각 항목을 수치화하여 딜을 이끌어낸다. 상대가 이해할 수 있는 수치를 제시하면 감정의 골이 깊어지지 않고, 자연스럽게 협의점을 찾는다는 것이다. 실제로도 "L대표와 일하면 편하다"는 평가를 자주 받으며, 어려운 시기에도 꾸준히 신규 계약을 따내는 이유가 여기에 있다고 볼 수 있다.

무심한 듯 보이지만, 의외로 사람의 마음을 잘 읽고 사건의 흐름을 재빨리 포착하는 것도 L대표의 강점이다. 탕후루나

샐러드 바 등 뜨는 아이템을 남들보다 빨리 예감할 수 있었던 것도, 직접 발로 뛰고 사람과 부딪치며 데이터를 수집했기에 가능했다. 다만, "새로운 것에 관심이 많은 것과 직접 사업을 벌이는 건 또 다른 문제"라며, 함부로 무리한 투자는 하지 않는다고 한다. 그러면서도 안테나는 늘 열려 있다. 마음속에선 "기회가 오면 놓치지 말자"라는 의지를 단단히 품고, 필요한 정보를 틈틈이 모으며 대비한다. 이렇게 '감각'과 '원칙'을 조화롭게 쥐고 있으니, 작은 씨앗 하나로도 얼마든지 크게 확장해갈 수 있는 셈이다.

결국, L대표가 보여주는 가장 큰 메시지는 '독특한 감각'과 '평행선의 원칙'이 어우러진 성장 스토리다. 가끔은 "그렇게 철저하게 선을 두고 사는 게 과연 행복할까?"라고 의아해하는 사람도 있지만, 그는 오히려 "적을 만들지 않고 다양한 인맥을 형성하려면 그게 최선이다. 내겐 그게 행복"이라고 웃는다. 덕분에 인테리어에서 병원 분야로 확장할 때도 불필요한 갈등 없이 빠르게 안착했고, 신사업 아이템을 예측할 때도 여러 지인을 통해 정보를 수월하게 얻을 수 있었다. 그리고 그 결과가 15배 성장이라는 눈부신 결실로 돌아왔다.

저자가 주는 KEY POINT TIP

1. 원칙(Principle)와 감각(Sense)의 조화
L대표의 사례는 "비즈니스를 감각만으로 해도 위험하지만, 원칙 없이 감각만 쫓아도 실패한다"는 메시지를 던진다. 평행선 원칙주의로 인간관계를 관리하고, 신사업 발굴에는 꾸준한 데이터 수집과 감각을 적용하는 식이다.

2. '적을 만들지 않는다'는 마음가짐
언제 어떻게 다시 얽힐지 모르는 비즈니스 세계에서, 과도한 친분도 안 좋지만 불필요한 적을 만드는 것도 피해야 한다. L대표처럼 선을 지키면서도 예의를 잃지 않으면, 새로운 프로젝트와 사람을 만날 기회가 저절로 찾아온다.

3. 좋은 아이템을 예견하려면 직접 발로 뛰며 '데이터'를 모아라
탕후루든 샐러드 바든, 마냥 예감만으로 잘 될 수 없다. 꾸준히 시장 반응을 살피고, 주변 사업자들과 소통하며 작은 단서를 모으다 보면 흐름이 보인다. 어느 정도 확신이 생긴 뒤에는 과감하게 추진하는 것이 핵심이다.

단 한 번의 감동이 평생 고객을 만든다

: 작은 디테일이 큰 차이를 만든다 :

나는 기념일이든, 아주 사소한 날이든 작은 감동을 전하는 걸 굉장히 좋아한다. 물론 회사 차원에서 공식적인 기념품이나 홍보물을 챙기기도 하지만, 그것만으로는 뭔가 아쉬웠다. 그래서 종종 꽃을 퀵으로 보낸다든가, 상대방이 특정 이슈로 힘들어 보이면 부담스럽지 않으면서도 기분 전환이 될 만한 소소한 선물을 생각해둔다. 그러면 의외로 강렬하게 기억에 남더라. 나는 그런 '기억에 남는 사람'이 되고 싶다. 가령 설이나 추석 같은 명절뿐 아니라, 조금은 독특한 날에도 "아, 이분은 참 세심하구나"라는 인상을 심어주고 싶다.

매일 하는 습관도 있다. 새벽 6시부터 7시 사이에 단체 카톡방이나 개인 카톡으로 짧은 글귀나 좋은 문장을 전하는 일이다. 예전에 한 모임에서 내가 총무를 맡았을 때, 회장님께 "하루에 한 문장씩은 꼭 올리겠다"고 약속했던 게 시초였다. 처음엔 아무도 크게 반응하지 않았고, 심지어 나 자신도 '이걸 누가 보긴 하나' 싶을 정도로 조용했다. 그런데 며칠, 몇 달 꾸준히 하다 보니, 혹시 내가 깜빡해서 늦게 올리거나 안 올리면 "무슨 일 있으세요? 난 그 카톡으로 아침을 여는데"라는 연락이 올 정도가 되었다. 생각보다 훨씬 많은 분들이 그 짧은 메시지에 위로를 받거나 힘을 얻고 있었던 것이다.

"가끔은 '오늘은 좀 쉬면 안 되나' 싶지만,
내가 계속 올린 이 메시지를 기다리는 사람이 있다 생각하니
다시 마음을 다잡고 글을 전하게 된다."

이렇게 꾸준함을 유지하는 것은 사실 쉽지 않다. 그럼에도 불구하고 이 작은 습관 덕분에, 어느 날 갑자기 어떤 문의나 도움을 청해야 할 때도 조금도 주저하지 않고 전화를 드릴 수 있다. 매일 아침 말없이 안부를 전해온 사이이기 때문이다. 어른들이 "인사만 잘해도 반은 간다"라고 하는데, 정말 맞는 말이라고 생각한다. 실제로 오프라인에서 "안녕하세요?"라는 간단한 인사조차 제대로 하기 어려운 경우가 많다. 별것 아닌 것 같아도 대표의 위치가 되면 여러 사람에게 연락하고 직접 얼굴을 보고 인사하는 일조차 만만치 않다. 그래서 오히려 더 힘을 쓴다. 내가 아무리 대표라도 인사를 잘하고 꾸준히 챙기면, 사람들은 나를 인간적으로 기억해주고 내 요청에도 기꺼이 응해준다.

> **"어릴 적에 '인사 잘하자'는 말을 귀에 못이 박이도록 들었는데, 정작 CEO가 되고 나서야 그 말이 얼마나 중요한 가치였는지 뼈저리게 깨닫게 된다."**

이런 과정을 거치다 보면, 작은 감동과 꾸준함이 결국 '관계의 온도'를 높여준다는 사실을 실감하게 된다. 따뜻하게 안부를 전하고, 한 번쯤 소소한 기쁨을 선물하고, 매일 아침 굳이 메시지를 보내지 않아도 될 걸 보내는 정성. 별것 아닌 것처럼 보여도, 그 온기를 기억하는 사람들은 나중에 언제든 편안하게 나를 떠올리고 연결해준다. 오히려 이렇게 인사를 잘하고 꾸준히 챙기는 태도야말로, 딱딱한 영업 스킬보다 훨씬 자연스럽게 '함께하고 싶은 사람'이라는 인식을 심어준다고 믿는다.

저자가 주는 KEY POINT TIP

1. 기념일·사소한 날 모두 작은 감동을 준비하자
꽃 한 송이, 가벼운 선물이라도 기억에 오래 남는다. "아, 이 사람은 의외로 세심하구나"라는 인식을 심어주는 것이 핵심.

2. 매일 아침 전하는 짧은 글귀·안부 메시지
처음엔 무심코 넘기지만, 시간이 쌓이면 커다란 위로와 연결감이 된다. 꾸준함 자체가 큰 힘을 발휘한다.

3. 지치고 힘들어도 '나의 비즈니스 상대가 있다'고 생각하기
한 번 자리를 잡은 습관은 강력한 신뢰로 이어진다. 그 꾸준함이 '계속 이어지는 관계'를 만들어준다.

4. 오프라인 인사야말로 기본 중의 기본
CEO일수록 아침 일찍 여러 사람에게 연락하고 직접 고개 숙여 인사하는 게 쉽지 않을 때가 많다. 하지만 바로 그 점 때문에 더 신경 쓰면 '인사만 잘해도 반은 간다'는 말의 진가를 알게 된다.

5. 인사를 잘하고 꾸준히 챙기는 태도 = '관계의 온도' 상승
딱딱한 영업 스킬보다, 인간적인 터치로 '함께하면 즐겁고 편안한 사람'이라는 인식을 주자. 이런 온기가 진짜 신뢰로 이어진다.

첫인상보다
지속되는 관계가 더 중요하다

: 인연을 디자인하는 CEO의 기술 :

예전에는 '같은 업종 사람끼린 서로 경쟁만 한다'는 인식이 강했다. 특히 영업 기회나 유용한 모임을 '나 혼자 챙기는' 경우도 흔했다. 그러나 A대표의 등장은 이러한 고정관념을 완전히 뒤집었다. 그는 내게 "너무 익숙한 곳에서만 머물지 말라"고 조언했고, 더 넓은 세계로 발을 디딜 수 있도록 직접 이끌어주었다. 같은 업계에서 일하면서도, 자신이 먼저 발 빠르게 얻은 정보를 아낌없이 나누고, 나를 CEO모임과 최고산업전략과정에 연결해준 것이다.

그전의 나는 회사와 집만 오가며, '여성으로서 굳이 영업이나 대외활동을 할 필요가 있을까?'라는 편견에 스스로 갇혀 있었다. "열심히 직원들만 관리하면 되지, 굳이 밖에서의 활동은 없어도 된다"며 일종의 안정권에 머무는 것을 당연시했다. 그러나 A대표가 소개해준 CEO모임에 처음 발을 들인 날, 머리를 한 대 얻어맞은 듯한 충격을 받았다. 이토록 열정적이고 광범위한 비즈니스 네트워크가 존재한다니. 27살에 창업하던 그 시절, 만약 이 모임을 알았다면 회사를 훨씬 빨리 키울 수 있었을 것 같았다. 그간 바깥세상에 무관심했던 시간이 아쉽고 안타까울 정도였다.

그 후 A대표는 3년 가까이 "최고산업전략과정을 꼭 들어가보라"고 권유했다. 사실 그 과정은 시간, 비용을 많이 할애해야 했고, 연령층이나 사회적 배경이 상당히 높다는 이야기를 전해 들었기에 망설여졌다. "내가 굳이 그곳에 들어가야 할 이유가 있을까?"라는 의문도 들었다. 그런데 A대표는 나를 향해 "네가 생각하는 그 정도 수준이 다가 아니다. 네가 알고 있는 골프장, 호텔보다 훨씬 더 높은 단계가 있고, 그 문화를 직접 경험해야 확실히 깨닫는다"고 거듭 강조했다.

솔직히 나는 그 말을 들었을 때, '글쎄, 웬만한 곳은 다 가봤는데…'라는 생각을 했다. 그러나 막상 최고산업전략과정에 들어가서 보니 정말 내가 알던 세상이 전부가 아니었다. 여러 분야에서 성공한 CEO들과 교류하면서, 그들의 생활패턴과 문화수준, 그리고 교류하는 장소들이 기존의 내 상식을 훌쩍 뛰어넘었다. '저렇게 새로운 세상을 사는 사람들이 많구나'라는 사실을 깨달으니, 동시에 내가 놓쳤던 많은 기회가 보이기 시작했다. 그리고 그런 자각 자체가 내 비즈니스 마인드를 획기적으로 바꿨다.

물론 A대표와 나는 지금도 같은 업종에서 일한다. 이 말은, 서로가 경쟁자가 될 수도 있다는 뜻이다. 그런데도 A대표는 정보를 숨기거나 기회를 제한하기보다는 "더 많은 걸 보고, 배우고, 누려야 한다"며 늘 적극적으로 나를 밀어주었다. 그 마음가짐 덕분에 '대체 어떻게 이렇게까지 오픈마인드일 수 있지?'라고 놀란 적이 많다.

예를 들어, 다른 업종 사람과의 교류라면 협업 기회가 크니 서로에게 도움이 될 수 있다. 하지만 똑같은 업종에서는 고객, 프로젝트, 영업망이 중복될 수 있는데도, A대표는 사적인 부분까지 대화하며 내가 이끄는 회사가 성장할 수 있도록 도와주었다. 처음에는 '이렇게 다 털어놓아도 괜찮을까?' 싶었는데, 정작 그런 나의 걱정이 무색할 정도로 그는 투명하고 편안한 태도를 보여주었다. 그러면서 함께 업계의 문제를 토로하기도 하고, 좋은 아이디어가 있으면 함께 논의하기도 했다.

A대표는 사람과 사람을 이어주는 일에 즐거움을 느낀다. CEO모임과 최고산업전략과정, 그리고 다양한 경영세미나를 다니며 쌓은 인맥을 '사람이 필요한 곳'에 적극적으로 연결해 준다. 나 역시 그 연결로 인해 새로운 세계를 접했고, 그로부터 얻은 영감이 사업 확장에 큰 영향을 주었다. 겉으로는 쿨하고 드라이한 분 같아도, 사실 속으론 "서로가 좋은 인연으로 이어졌으면 좋겠다"는 마음이 뿌리 깊게 깔려 있다는 게 느껴진다.

예전에 업계 선배들로부터 "동종업계 사람과 친해지면 안 된다"고 종종 들었다. 무심코 털어놓은 정보가 경쟁이 될 수도 있고, 언젠간 한 고객을 두고 부딪칠 수도 있다고. 그런데 A대표를 보며 깨달은 건, "시장은 생각보다 훨씬 크다"는 사실이다. 오히려 서로 솔직하게 회사 운영의 고민이나 사적인 부분까지 공유하다 보면, 같은 문제를 다른 시각으로 풀어낼 수 있다. 나도 A대표에게 업계 동향이나 마케팅 팁을 아낌없이 전해주곤 하는데, 그 과정에서 '오히려 내 인사이트가 더 풍부해지는구나'를 체감한다.

더군다나 A대표는 대외적인 모임뿐 아니라, 사적인 자리에서도 편하게 내 얘기를 들어주는 고마운 사람이다. 보통은 어지간히 가깝지 않으면, "최근 회사 사정이 이렇다"거나 "나 요즘 이런 고민이 있다"는 말을 하기가 쉽지 않다. 특히 같은 업계라면 더더욱 조심스러울 수 있다. 그런데도 A대표와는 마음을 터놓고 이야기하며, 함께 개선책을 찾을 수 있었다. 이처럼 신뢰가 쌓이니, 더 큰 인연들이 자연스레 파생되는 느낌이다.

결국, 내가 바라던 목표 하나를 달성하면, 그 뒤에는 A대표가 소개해준 모임이나 과정, 그리고 그곳에서 만난 사람들이 있었다. 예전에는 접하지 못했던 호텔, 골프장, 문화 행사 등에 초대되어 또 다른 기회를 얻기도 했고, 그동안 편견으로 묶여 있던 내 마음까지 풀리게 되었다.

저자가 주는 KEY POINT TIP

1. 오픈마인드로 인연을 연결하자
"동종업계=경쟁자"라는 편견을 깨고, 서로 좋은 기회를 적극 소개해줄 때 더 빠른 성장을 경험할 수 있다. A대표처럼 자신이 알고 있는 네트워크를 아낌없이 공유해보자.

2. 편견에 갇히면 세상도 좁아진다
예전엔 '여성이라 영업은 힘들다', '나는 모임 활동에 어울리지 않는다'는 생각이 있었다. 그러나 막상 발을 들이니 넓은 세계가 펼쳐졌다. 새로운 모임이나 과정을 두려워 말고 과감히 도전하자.

3. 내가 아는 세상이 전부가 아니다
CEO모임과 최고산업전략과정, 그리고 다양한 CEO 문화생활에서 보듯, '한 단계 위' 세상을 직접 경험해봐야 내 사고의 한계를 넓힐 수 있다. 남들이 가본 길도 좋고, 아직은 생소한 길도 좋다. 중요한 건 직접 체험하는 용기다.

"한 사람을 알면
한 가지 기회가 열리고,
열 사람을 알면
열 가지 가능성이 생긴다."

앤드류 카네기(Andrew Carnegie)

PART 3

시스템과 디테일

– 탄탄한 경영이
성공을 만든다

완벽한 시스템과
디테일한 관리가
회사를 키운다

디레일을 놓치면
결국 무너진다

: 조직을 움직이는 시스템 경영의 힘 :

  8년 전, 처음 H대표를 만났을 때 느껴진 것은 묘한 '편안함'이었다. 흔히 처음 만나는 자리라면 누군가가 풍기는 기운이 약간의 긴장으로 이어지기 마련인데, H대표와 함께하면 왠지 모르게 마음이 편안해졌다. 하지만 시간을 조금 더 함께 보내보니, 그 편안함 뒤에는 "절대 시간을 허투루 쓰지 않겠다"는 내면의 결의가 느껴졌다. 오랜 시간이 흐른 지금도, 그때의 인상이 생생하다. "누구를 만나 어떤 결과를 이끌어낼 것인지"를 사전에 구체적으로 설정하고 움직이는 그녀의 태도는, 어떤 상황도 완벽하게 대처해낼 수 있을 것 같다는 믿음을 주기에 충분했다.

  실제로 8년이라는 세월이 흘렀지만, 그때 느꼈던 '철두철미함'은 여전히 H대표를 가장 정확히 설명해주는 단어다. 책과 강연으로 끊임없이 자기계발을 하고, 미팅 전후의 꼼꼼한 체크리스트를 작성하며, 그 습관을 주변 사람들에게도 자연스럽게 전파한다. 시간이 지날수록 많은 이들이 H대표와 함께 일하기를 원하는 이유가 더욱 분명해지는 것이다.

H대표와 미팅 약속을 잡으면, 나도 모르게 시간을 한 번 더 확인하고 준비를 철저히 하게 된다. 겉으로 보기엔 부드럽고 편안한 분위기를 이끌지만, 실제로는 "약속 하나하나를 절대 허투루 넘기지 않는다"는 원칙이 숨어있기 때문이다. "오늘 왜 만나고, 어떤 결과를 기대하며, 구체적으로 무엇을 논의할지"를 미리 문서화해 공유하는 그녀의 모습은, 함께 일하는 사람들까지 한층 진지해지도록 만든다. "이분은 반드시 시간을 지키시니, 나도 더욱 신경 써야겠다." 이러한 마음이 자연스레 상대방에게도 전염되는 것이 H대표의 특별한 영향력이자 장점이다.

H대표가 가장 중요하게 생각하는 것은 '시스템 속 디테일'이다. 단순히 '미팅 있음'이라고만 기록하지 않고, "미팅의 목적, 논의 포인트, 필요한 자료" 등을 사전에 꼼꼼히 준비한다. 이 같은 방식이 다소 경직되어 보일 수 있지만, 실제로 함께

일해본 사람들은 오히려 "H대표와 일하면 프로젝트가 절대 삐걱거리지 않는다"고 말한다. 예상치 못한 변수가 발생해도, 미리 설계된 프로세스가 있으니 대응이 훨씬 수월하다는 것이다. 작은 디테일 하나도 놓치지 않는 이런 태도는 곧 '신뢰'로 이어진다.

여기에 더해, H대표에게 자기계발과 학습은 일상의 한 부분이다. "항상 새로운 배움이 있고, 나눌 것이 있다"는 말을 입버릇처럼 한다. 세미나나 강연, 독서를 통해 얻은 지식을 곧바로 후배나 동료들과 공유하고, 주변 대표들이 어려움에 부딪히면 먼저 나서서 코칭을 해준다. 놀라운 점은, 이렇게 가르치는 과정에서 자신도 또 다른 깨달음을 얻는다는 것이다. 멘토이자 멘티로서의 이중 역할을 자연스럽게 수행하고 있는 셈이다.

H대표가 가장 뛰어난 분야는 '시스템 구축'과 '디테일 관리'다. 반면 마케팅 등 특정 분야에서는 자신이 부족하다고 여겨, 필요할 땐 기꺼이 다른 전문가들에게 자문을 구한다. 실제로 내가 H대표에게 마케팅 트렌드나 전략을 전해주고, H대표는 대신 자신의 노하우나 조직 운영 프로세스를 아낌없이 공유하는 식으로 협업이 이뤄진다. 파트너십을 맺은 뒤에

는 정기적인 회의를 통해 "처음 세운 목표에서 벗어난 것은 없는지, 진행 과정의 변수는 무엇인지"를 꼼꼼히 점검한다. 회의가 끝날 때면 "추가로 필요한 일은 무엇이고, 누가 담당하며, 언제까지 완료할 것인지"가 명확히 결정된다. 이러한 상호 검증과 확인 과정을 통해 함께 일하는 이들은 자연스럽게 업무 처리 능력을 한 단계 높이게 된다.

H대표가 늘 강조하는 문화 중 하나가 '기록과 공유'다. "문서화되지 않은 것은 존재하지 않는 것"이라는 그녀의 신념은, 처음에는 다소 부담스럽게 느껴질 수도 있다. 그러나 시간이 지날수록 "왜 이런 결정을 내렸는지, 그 과정에서 어떤 자료를 참고했는지"를 명확히 알 수 있어 협업 효율이 크게 높아진다. "이전에는 결정의 배경을 잊어버려서 헤맬 때가 많았는데, 이제는 모든 게 기록되어 있네요"라는 말이 종종 들린다. 철저한 기록 문화가 신뢰를 구축하는 토대가 되는 것이다.

주변 대표들이 어려운 결정을 내려야 할 때, 망설임 없이 H대표를 찾는 이유가 있다. 감정에 치우치지 않고 사실과 데이터를 기반으로, 명확하게 답변해주기 때문이다. "H대표가 내놓은 결론이라면 일단 믿어볼 만하다"는 이야기가 곳곳에서 들릴 정도다. 편안한 분위기 속에서도 흐트러짐 없이 상황을 정리해내는 그녀의 태도는, 어떤 문제든 객관적으로 바라볼 수 있도록 돕는다.

결국 H대표를 정의하는 핵심 키워드는 단연 '철두철미함'일 것이다. 그러나 그것은 단순히 본인을 위한 완벽주의가 아니라, 함께 일하는 이들의 성장을 견인하는 원동력이기도 하다. H대표의 꼼꼼함에 맞춰 준비하다 보면 누구든 시간을 효율적으로 쓰게 되고, 일을 체계적으로 접근하게 되며, 불필요한 변수를 줄이게 된다. 더 나아가 H대표는 자신의 시스템과 프로세스가 아무리 완벽해 보여도 절대 안주하지 않는다. "세상은 계속 변하고, 새로운 흐름은 이미 시작돼 있으니까요"라는 그녀의 말처럼, 디지털 전환이나 새로운 업무 방식에 대한 연구에도 소홀함이 없다. 철저함과 유연함을 동시에 갖추었기에, 많은 이들이 "H대표와 일하면 편하고 든든하다"라고 입을 모아 말하는 것이다.

저자가 주는 KEY POINT TIP

1. 시스템적으로 준비하고 디테일을 놓치지 않기
모든 활동을 철저히 계획하고, 변수에 대비하기 위해서는 체계적인 설계와 꼼꼼한 디테일이 필수다.

2. 지속적인 학습과 멘토·멘티 역할 병행
배움을 게을리하지 않고, 얻은 지식을 주변과 나누며, 가르치는 과정에서 스스로도 성장한다.

3. 기록과 공유를 통한 신뢰 구축
모든 과정을 문서화해 투명하게 공유하고, 진행 상황을 상호 검증함으로써 협업 효율과 신뢰를 높인다.

전문직도 경영을 알아야 살아남는다

: 브랜딩과 사업 확장의 필수 조건 :

 전문직이라 하면 자격증만으로 안정적인 수익을 올리는 사람이 많다. 보통 "이 자격증 하나면 평생 먹고산다"며, 특별한 마케팅이나 브랜딩 없이 일상적 영업을 이어가는 사례를 쉽게 볼 수 있다. 하지만 H 행정사는 그런 전형적인 '전문직' 공식을 완전히 깨뜨리고 있다. 그는 행정사가 할 수 있는 업무 범위를 확장하고, 체계적인 브랜딩과 컨설팅, 심지어 새로운 프로그램 개발까지 시도하면서 '사업가 마인드'를 몸소 보여주는 중이다.

 "H 행정사"를 온라인에서 검색해보면, 단순한 홈페이지 정도를 뛰어넘는 방대한 정보와 체계가 눈에 들어온다. 일단 다양한 서비스 항목을 명확하게 구분해놓고, 실제 고객이 궁금해할 법한 절차와 필요 서류, 상담 방식 등을 브랜딩 요소에 담아낸 것이다. 그뿐 아니라 본인의 레퍼런스도 신문 기사나 보도자료 등으로 꼼꼼히 쌓아두어, 신뢰와 전문성을 한껏 끌어올린다. 보통 전문직 종사자들이 "내가 어떤 일을 한다."라는 정도로 간단히 소개를 하는 데 비해, 그는 자신의 사무소와 행정사가 할 수 있는 업무영역을 체계적인 시스템 기업으로 포지셔닝해 확장시킨 셈이다.

가장 흥미로운 것은 '개발'에 대한 의지다. 일반적인 행정사들은 문서 작성과 대민 업무에 집중하는데, H 행정사는 그 이상의 시스템을 꿈꾼다. 예컨대 챗GPT를 활용한 행정사 보조 프로그램을 기획한다든지, 다른 동료 행정사들이 협업할 수 있는 온라인 플랫폼을 마련한다든지, "행정사가 더 효율적으로 업무를 할 수 있는 툴이나 매뉴얼"을 직접 개발하려고 한다. 이는 단순히 개인 사무소에 머무는 게 아니라, 전문직 전체의 판을 키우고 리딩하려는 '도전적 기획자'의 모습이라 할 수 있다.

행정사라는 직업은 국가 자격을 기반으로 안정적인 수익 구조가 가능하지만, 동시에 그 한계도 분명하다. 고객이 원하는 업무만 처리하고, 그 범위를 크게 넘지 않는 식이다. 하지만 H 행정사는 여기에 '사업가 마인드'를 더해, "행정사는 이런 것만 한다"라는 기존의 틀을 계속 깨어나가고 있다. 수수료만 받는 구조가 아니라, "우리 사무소의 서비스를 브랜드화·시스템화하고, 다른 동료 행정사와도 네트워크를 만들어 더 큰 마케팅을 펼치자"라는 식으로 발상을 전환한다.

그는 이를 위해 주변 전문가들의 도움도 아낌없이 청한다. "내가 모르는 분야면 찾아가서 배우고, 비용이 든다고 해도 투자하겠다"라는 태도로, IT·홍보·마케팅·법률 등 다방면의 조언을 구한다. 이런 오픈 마인드는 본인에게도 큰 자산이지만, 다른 분야 전문가들과 협업함으로써 새로운 상품·서비스 개발에도 속도가 붙는다. 실제로 "행정사도 이 정도로 체계적이고 세련된 브랜드를 만들 수 있다"는 반응을 업계 곳곳에서 이끌어내고 있다.

H 행정사는 자신뿐 아니라, 후배 행정사나 동료들에게도 "전문직이라고 해서 '이력'만 앞세우면 안 된다. 우리도 브랜딩을 해야 살아남는다"라고 자주 강조한다고 한다. 실제로 그의 사무소는 홈페이지, SNS, 언론 보도 등 다채로운 경로를 통해 자신들의 업적과 비전을 알린다. 그런데 이 과정이 전혀 뻔하지 않고, '고객이 무엇을 원하는가'를 기준으로 맞춤형 스

토리를 전달한다는 점이 특별하다.

이를 두고 주변인은 "행정사도 이렇게 할 수 있구나, 하면 되잖아"라는 감탄을 내놓는다. 과거엔 '소규모 개인 업종' 이미지가 강했던 행정사를, 마치 하나의 스타트업 브랜드처럼 만들어가는 셈이다. 이렇듯 전문직 종사자도 마음먹기에 따라 얼마든지 '비즈니스 오너'가 될 수 있다는 것을 H 행정사가 증명해 보이고 있는 것이다.

무엇보다 그가 더 큰 꿈을 꾸는 점이 흥미롭다. 단지 행정 업무를 수주해서 수익을 늘리는 게 아니라, "행정사들을 체계화·조직화해 새로운 시장을 열겠다"는 포부나, "AI를 활용한 행정 컨설팅 플랫폼" 등은 진정한 확장 모델에 가깝다. 이처럼 남들이 '안 된다'고 하거나 '굳이?'라고 묻는 지점을 그는 오히려 "왜 안 돼? 해보자"라고 말하며 전진한다. 그리고 그 추진 과정에서 수많은 시행착오를 겪더라도, 주변 지인·전문가와의 협력을 통해 지속적으로 개선하는 모습이다.

결국, 전문직이라는 틀 안에 안주하지 않고 한 발 더 나아가려는 그의 도전이, "행정사로서"가 아닌 "사업가 마인드로서" 빛나고 있는 셈이다. 누구나 자신의 영역에서 더 크게 성장하고 싶다면, 자격증 뒤에 머무르기보다, 끊임없이 새로운 길을 뚫고 공부하며, 협업 네트워크까지 공고히 다져야 한다는 사실을 H 행정사가 잘 보여주고 있다.

저자가 주는 KEY POINT TIP

1. 전문직이라도 '사업가 마인드'가 필요하다
자격증 하나로 안주하지 말고, 브랜드와 시스템, 그리고 협업 네트워크를 갖추면 훨씬 더 큰 영향력을 펼칠 수 있다.

2. 끼워 맞추기 식 홍보가 아니라, 고객 관점의 브랜딩을 하자
홈페이지·SNS·언론 보도 등을 활용할 때도, '고객에게 무엇이 유익한가?'를 기준으로 전문성을 풀어내면 신뢰가 커진다.

3. IT·AI·신기술에 적극적으로 투자하고 배워라
챗GPT 활용은 물론, 행정사 업무에 접목할 수 있는 AI나 플랫폼 개발에 끊임없이 도전한다면, 전문직의 한계를 넘어 새로운 시장을 개척할 수 있다.

4. 주변 전문가와의 협력으로 시행착오를 줄이자
혼자만의 사고에 갇히지 말고, 필요한 분야엔 과감히 시간과 비용을 들여 배우거나 의뢰하자. 오픈 마인드가 곧 성장의 지름길이 된다.

작은 차이가 결국 글로벌을 만든다

: 시장을 지배한 디테일 경영법 :

 대기업 출신이라는 안정된 이력 위에, 커피 업계에서 새롭게 도전한다면 보통은 원두 유통이나 카페 운영 정도로만 그칠 것 같다. 하지만 C대표는 달랐다. 해외에서 직접 원두를 수입해와 가공·유통을 하고, 직영점을 거쳐 프랜차이즈까지 확장한 것도 모자라, 이제는 '믹스 커피' 시장에까지 도전해 해외 수출을 노리고 있다. 여기에 단 한 번도 대출을 받지 않았다는 강인한 자부심까지 더해지니, 그걸 듣는 것만으로도 "정말 대단하다"라는 말이 절로 나온다.

 C대표를 가까이 지켜보면, 가장 인상적인 키워드는 단연 '디테일'이다. 대표적인 예가 PPT 작성 과정에서 드러난다. 그는 사업 설명이나, 심지어 작은 회의용 자료 하나도 허투루

만들지 않는다. PPT 한 장에 들어가는 도형, 색감, 글자 크기, 심지어 그 배치마저 꼼꼼하게 신경 써서 최고 수준의 퀄리티를 뽑아낸다. 누가 보면 "왜 굳이 이렇게까지?"라고 할 수도 있지만, 그에게 PPT란 사업가의 '입'이자 '얼굴'이다. "프레젠테이션 자료부터 내 사업의 수준이 판단된다"라는 생각 때문에, 이 작은 노력 하나가 쌓여 인상적인 결과물을 만들어낸다.

그가 만든 커피 브랜드들도 이러한 디테일을 그대로 반영한다. 예컨대 원두마다 세밀하게 맛을 구분하고, 각 맛의 특성을 시각적으로 표현하는 패키지 디자인을 차별화했다. 같은 커피라도, 어떤 풍미를 살리고자 했고, 어떤 목적에 부합하는지 '스토리'를 부여한다. 그리고 포장과 디자인, 심지어 네이밍에도 그 취지를 녹여낸다. 마치 PPT를 장인정신으로 만드는 것처럼, 커피 한 봉지에도 빼곡히 '의미'를 담으려 애쓰니, 소비자 입장에서는 "이거 뭔가 특별하다"라는 느낌을 받게 된다.

현재 국내 믹스커피 시장은 굵직한 대기업 브랜드들이 거의 과점한 상태다. 여기 뛰어든다는 건 쉽지 않은 일이다. 하지만 C대표는 "어차피 커피라는 시장 자체가 글로벌 트렌드로도 끊임없이 움직이는 시장이다. 우리도 다른 각도에서 승부를 걸면 된다"라는 생각으로 두려워하지 않는다. 실제로 제품의 레시피나 패키지 디자인, 그리고 향후 수출 전략까지 철저한 준비 과정을 밟고 있다. 일각에서는 "기존 시장에 비해 비용도 많이 들 텐데, 쉽겠느냐?"라고 우려하지만, 그는 되레 "투자할 가치가 충분한 도전"이라며 기꺼이 비용을 감당한다.

이런 도전정신은 커피에 국한되지 않는다. 대기업 출신으로서 익힌 조직 운영 방식과 치밀함을 본인 사업에 녹여내면서, 동시에 "내 돈으로 내 사업을 키운다"는 자부심도 크다. 실제로 "10원의 대출도 받지 않고" 사업을 운용해왔다는 점을 굳게 지키는 것을 보면, 얼마나 스스로 계획을 치밀하게 세우고 리스크를 통제하는지 짐작할 만하다. 게다가 그는 함께 일하는 사람들의 역량과 가능성을 발굴하는 능력도 탁월하다. 파트너나 직원 각자의 장점을 파악해 적재적소에 배치하면서, 회사 전체의 시너지를 만들어내는 것이다.

그렇다고 C대표가 그저 '열심히만 하는 꼰대' 스타일은 아니다. 같이 카톡방에서 소통해본 사람들은 입을 모아 말한다. "사소한 얘기에도 빠짐없이 답해주고, 주말에도 성실히 피드백한다. 겸손하고 부드러운 인상이지만, 하나하나 놓치지 않는다." 이런 태도는 소통할 때도, 협업할 때도 유리하게 작용한다. 함께하는 파트너들은 "실제로 같이 일해보면, 확실히 커다란 회사 출신다운 전문성은 물론이고, 인간적인 면도 대단하다"라고 칭찬한다.

예컨대 어느 모임에서나 C대표는 먼저 질문을 던지고, 다른 이들이 고민해주면 감사 인사를 빼놓지 않는다. 또 새로운 아이디어가 있을 때마다 "내 생각엔 이런 건 어때요?"라고 겸손히 제안하되, 실행력은 누구보다 빠르다. 즉시 구체적인 PPT 기획안을 만들어서 "이거 이렇게 하면 어때세요?"라고 공유한다는 것. 이런 '유연한 추진력'이, 디테일과 맞물려 사람들에게 깊은 신뢰를 주는 비결이다.

지금도 그는 믹스커피를 수출하기 위한 각종 자원조달과 협력 네트워크를 모색하고 있다. 그리고 더욱이 그의 목표는 단순한 '한두 개 국가 수출'이 아니라, 다양한 커피 문화를 가진 지역에 맞춤형 제품을 공급하는 것이다. 이를 위해서는 또다시 PPT를 만들고, 파트너십을 따내는 과정이 필요하다. 아마도 그때도 C대표는 세심한 디테일, 깔끔한 디자인, 그리고 전문성을 담은 자료로 모두를 설득할 것이다.

다른 사람에게 "성공 비결이 뭔가요?"라고 물으면, 그는 아마 이렇게 답할지 모른다. "가장 중요한 건 작은 노력 하나도 놓치지 않는 거죠. PPT 한 장 만들 때, 포장 디자인 한 라인 잡을 때, 혹은 사소한 문의에 답할 때도 정성을 다하면 그게 결국 전체를 바꿔놓습니다." 결국, 이 말은 대기업 출신의 관록과 스타트업 창업자의 열정이 결합될 때 어떤 일이 일어나는지를 보여주는 좋은 예다.

저자가 주는 KEY POINT TIP

1. 작은 디테일이 결국 브랜드를 완성한다
PPT 한 장이든, 패키지 디자인의 한 줄이든, 허투루 넘어가지 않는 태도가 '프로'와 '아마추어'를 가른다.

2. 내 돈으로 시작하는 자부심
대출 없이 운영한다는 것이 자랑이 아니라, 그만큼 재무와 계획을 철저히 세운다는 뜻이다. 이 철저함이 도전의 리스크를 최소화한다.

3. 빼놓지 않는 커뮤니케이션, 사소한 답변도 놓치지 않기
사소한 카톡 메시지나 작은 문의도 적극적으로 대응하자. 결국 그런 태도가 파트너와 협력사에게 큰 신뢰를 준다.

4. 해외확장, 트렌드 변화를 두려워 말자
믹스커피 시장 등 기존 강자들이 있는 곳이라도, 차별화 포인트와 디테일이 있으면 충분히 해볼 만한 가치가 있다. 실패를 두려워하지 말고 도전해보자.

처음부터 한번에
여러가지를 하려 하지 마라

: 초집중을 위한 효율적 조직 운영 :

    나는 한 번에 여러 가지 일을 소화하는 게 아주 자연스럽다. 전화통화를 하면서도 문서를 작성하고, 또 다른 프로젝트와 관련된 메일을 살피는 등 '멀티태스킹'을 일상처럼 이어간다. 그렇지만 이게 타고난 재능이라기보다는, 수년간 '내 생활 패턴'을 바꾸기 위해 훈련해온 결과라는 점을 강조하고 싶다. 낮에 한두 시간씩 두 가지 일을 병행하는 연습부터 시작해 점차 시간을 늘려가며, 순간순간 몰입해 원하는 포인트를 놓치지 않는 집중력을 길렀다. 지금은 전화로 누군가와 대화하면서도 중요한 메모를 놓치지 않고, 필요한 자료를 병행해서 찾아볼 수 있게 되었다.

> **"'한정된 시간 안에 최대 효율을 만들어야 한다'는 생각이 내 집중력을 더욱 날카롭게 만들더라."**

이렇게 멀티로 일하면 집중력이 흐려지지 않을까 걱정하는 분들이 많다. 그러나 내 경험상 오히려 반대다. 한정된 시간 안에서 더 다양한 시도를 해보려면, 스스로에게 '생활 패턴 트레이닝'이 필요하다. 나는 시간대를 철저히 쪼개 계획하고, 전환이 필요한 순간마다 속도감 있게 움직인다. 물론 익숙해지기 전까지는 꽤나 고된 작업이었다. 하지만 이 과정을 거치면 깊이 있는 몰입과 유연한 전환을 동시에 이뤄낼 수 있다는 사실을 깨닫게 된다.

또 하나 놓칠 수 없는 건 바로 '문화'다. 나는 늘 공연, 전시, 혹은 새로 생긴 핫플레이스 정보를 꼼꼼히 챙긴다. 술자리로 이어지기 쉬운 모임도 조금만 다르게 꾸며서, 밤에도 열려 있는 전시나 저녁 늦게까지 하는 커피숍 등을 제안해본다. 사업 이야기를 나누더라도 조금 더 색다른 풍경과 분위기에서라면 훨씬 자유롭고 편안하게 소통할 수 있다. 나 혼자만 즐기는 게 아니라, 함께하는 분들도 공연이나 전시를 체험하면서 "이런 곳도 있구나" 하고 흥미를 갖는다. 결국 이런 경험이 인간적인 공감대를 높여주고, 이후에 사업적 교류로 이어지는 토대를 만들어준다.

협력사나 고객을 만날 때 '동네 투어'를 제안하는 것도 같은 맥락이다. 가로수길이나 청담동처럼 나름의 특색이 있는 곳을 안내해주며 점심시간이나 짧은 저녁 시간을 활용해 돌아다닌다. 단순히 식사만 하는 게 아니라, 유명 디저트를 맛보거나 골목 풍경을 느껴보는 식으로 공간과 사람을 이어주는 셈이다. 이렇게 함께 뭔가를 경험하고, 그 안에서 내 이야기를 자연스럽게 녹여내면 상대방이 나와 보낸 시간을 강렬하게 기억한다. 또한 이것은 갑·을 같은 수직적 관계를 넘어, 상황에 따라 내가 을이 될 수도 있고 갑이 될 수도 있다는 '유연한 시각'을 만들어주기도 한다.

많은 분이 "어떻게 그렇게 부지런하게 다 알아보고 다니느냐"고 묻는다. 사실 처음부터 쉬웠던 건 아니다. 공연·예술·전시를 즐기려면 당연히 시간과 노력, 비용을 조금씩 투자해야 한다. 그런데 이것이 어느 정도 쌓이면, 사람들이 오히려 내게 먼저 "요즘 재밌는 전시는 어디야?", "새로운 핫플이 생겼다는데 가봤나요?"라고 물어오기 시작한다. 그 질문에 답을 건네는 순간, 우리는 또 하나의 대화 주제를 공유하게 된다.

그렇게 문화적 접점을 확보해두면, 관계가 한층 부드러워지고 이후에 사업 이야기를 나누어도 서로 편안하고 유쾌한 기억을 가지고 대화할 수 있다.

그 모든 것을 가능하게 하려면 결국 끊임없는 훈련과 노력이 필요하다. 멀티태스킹이든 새로운 문화를 소개하는 일이든, "내가 이미 잘 알고 즐겨야" 상대방도 자연스럽게 즐거움을 느낄 수 있다고 믿는다. 하루아침에 되는 건 아니지만, 내 생활 패턴과 집중력을 바꾸기 위해 수백 시간을 들인 것이 전혀 아깝지 않다. 덕분에 지금은 전화를 동시에 여러 통 받으면서도 핵심 메모를 놓치지 않고, 회의 전에 새로 생긴 전시나 공간 정보를 업데이트해둔다. 이 작은 습관이 사업 시너지를 크게 높여주기도 한다.

**"결국 내가 가장 많이 즐기고 누리는 사람이 되면,
주변은 그 에너지를 자연스레 공유한다.**

나는 이런 확신을 바탕으로, 협력사든 고객이든 함께 공연을 보거나 전시를 보고, 동네 투어를 즐기며 맛있는 디저트를 나눠 먹는 시간을 자주 만든다. 그렇게 생긴 기억은 서로에게

특별한 장면으로 남고, '함께했던 즐거운 순간'을 가진 사람들은 기본적으로 신뢰가 단단해진다. 이처럼 문화적·인간적 신뢰가 결국 더 큰 기회와 협업을 불러온다고 믿는다.

저자가 주는 KEY POINT TIP

1. 멀티태스킹과 집중력 훈련을 병행
아무리 여러 가지를 동시 처리해도, 몰입해야 할 순간에는 빠르게 전환하는 '습관'을 만들어야 한다.

2. 문화는 사람을 이어주는 통로
공연·전시·핫플레이스 정보를 미리 파악해두면 만남 자체가 특별한 기억으로 남고, 대화도 한결 자연스러워진다.

3. 동네 투어처럼 색다른 체험 제안하기
짧은 점심시간이든 저녁시간이든, 특색 있는 공간을 함께 둘러보며 새로운 이야깃거리를 만들어보자.

4. 갑-을 관계를 넘어서려면, 내가 먼저 발로 뛰기
더 많이 알아보고, 스스로 문화생활을 충분히 누려야 '저 사람과 함께하면 재미있다'는 인식이 생긴다.

5. 모든 것은 하루아침에 생기지 않는다
생활 패턴 자체를 바꿔 집중력을 키우고, 꾸준한 노력으로 멀티태스킹과 문화 교류가 자연스럽게 내 것이 되는 과정을 거치자.

체력이 곧 경쟁력이다

: 끝까지 버티는 리더들의 필수 조건 :

   주말에도 나는 새벽에 일찍 일어나고, 회사에 나올 만큼 업무를 미리 처리하려고 애쓴다. 사실 "이 정도까지 해야 하나"라는 의문이 들 때도 있지만, 여러 번 겪어본 결과 CEO가 컨디션을 놓치는 순간 직원들에게까지 부정적 에너지가 번져 나가고, 나아가 고객과의 접점에서도 미묘한 문제가 생긴다고 느꼈다. 그래서 회사 자체를 나에게 편안한 공간으로 만들어두고, 주말이라도 그곳에서 필요한 일을 먼저 해치운다. 이렇게 일정이 밀리지 않으면, 평일에 갑작스러운 업무 폭주로 인한 스트레스가 훨씬 줄어들고, 내 기분도 안정적으로 유지된다.

나는 "CEO가 아프면 회사도 아프다"라는 말을 자주 한다. 내 기분이 살짝만 나빠도, 직원들은 그 미세한 기류를 바로 감지하고 위축된 표정을 짓는다. 고객을 대하는 태도에도 어딘가 날 선 부분이 배어들 때가 있다. 그래서 매일 아침 내 몸과 마음을 최상으로 끌어올릴 방법을 고민한다. 컨디션이 조금이라도 이상하면 병원에 들러서 미리 치료를 받고, 스트레스는 곧장 풀어버리는 습관을 들였다. 덕분에 큰 질병이나 갑작스러운 공백 없이 일의 흐름을 이어갈 수 있다.

그중 내가 가장 좋아하는 방법은 '걷기'다. 퇴근 후 집까지 걸으면서 머릿속을 정리하고, 회사일이나 개인 고민도 한발 한발 내딛을 때마다 어느 정도 해소된다. 세상 풍경이 눈에 들어오면 복잡했던 생각이 차분해지고, 때로는 그동안 놓쳤던 아이디어가 툭 하고 떠오르기도 한다. 또 시간이 되면 등산을 해서 자연 속에서 마음을 비우는 편이다. 그렇게 '몸을 움직이며 생각 정리하기'가 습관화되다 보니, 예기치 못한 심리적 압박이 찾아와도 비교적 빠르게 흘려보낼 수 있게 됐다.

> **"회사에서 집까지 걷는 것만으로도
> 머릿속이 꽤 가벼워지는 걸 느낀다."**

나는 한 번 아이를 낳고도 일주일 만에 출근한 적이 있다. 물론 무리하는 건 좋지 않지만, 평소에 내 컨디션과 체력을 꾸준히 단련해둔 덕분에 그 정도 스케줄도 소화가 가능했다. 누군가는 "왜 그렇게까지 하냐"고 걱정했지만, 나는 내가 잡아놓은 리듬대로 움직이니 의외로 힘들지 않았고, 오히려 일을 빨리 재개해 안정감 있게 회사를 관리할 수 있었다.

> **"'내가 빠지면 회사가 흔들리지 않을까' 하는 불안보다는 '내 컨디션은 이미 준비가 돼 있으니 문제없다'는 확신이 더 컸다."**

사실 '나는 절대 아프지 않는다'는 말은 결코 의지만으로 되는 게 아니다. 매일 건강하게 먹고, 몸에 이상신호가 오면 곧장 병원에 가고, 산책이나 등산으로 스트레스를 빼내는 과정을 반복해야 한다. 그렇게 쌓은 생활습관이 결국 CEO로서의 날카로운 집중력을 유지하고, 회사 전체의 리듬도 안정적으로 끌고 갈 수 있게 만들어준다. 평소 아무렇지 않아 보이는 작은 실천들이, 어느 순간엔 엄청난 차이를 만든다는 걸 체감하는 순간들이 분명히 있다. 그리고 나는 그 차이를 매일 쌓아두는 것이 CEO로서 가장 중요한 '책임감' 중 하나라고 생각한다.

저자가 주는 KEY POINT TIP

1. CEO 컨디션의 흔들림이 곧 회사의 흔들림
- 주말이든 새벽이든 미리미리 일정을 소화해두면 스트레스가 누적되지 않는다.
- 회사 환경을 나에게 편안한 공간으로 만들면 일하는 시간이 곧 '마음의 여유'가 된다.

2. 스트레스는 즉각 해소하는 습관이 필수
- 기분이 안 좋거나 몸에 이상신호가 오면 병원을 자주 들르고, 운동·산책·등산 등으로 빠르게 풀어버리자.
- 쌓아두지 않아야 회복도 빠르다.

3. 걷기·등산으로 생각 정리하기
- 퇴근 후 걸으면서 자연스럽게 업무나 고민을 정리하면, 머릿속이 맑아지고 새로운 아이디어가 떠오르기도 한다.
- 자연을 보는 등산도 기분 전환에 큰 도움이 된다.

4. 평소 꾸준한 관리로 '예기치 못한 상황'도 극복
- 아이를 낳고 일주일 만에 복귀할 수 있었던 힘도, 사실은 평소 컨디션 유지를 위한 노력에서 나왔다.
- 작고 사소해 보이는 습관이 누적될 때 비로소 눈에 보이는 성과가 생긴다.

5. '나는 절대 아프지 않는다'는 건 의지+습관의 결과
- 매일 건강한 식사, 주기적 운동, 병원 방문 등으로 위험요소를 최소화하자.
- CEO의 안정감이 회사 전체의 분위기와 신뢰로 직결된다.

이기는 습관을 만드는 작은 루틴

: 미세한 습관이 경영을 바꾼다 :

"모두에게 공평한 것은 시간뿐이다.
시간은 대체불가능한 자원이고,
내가 사용한 시간은 돈으로도 대체할 수 없는 가치를 지닌다.
소중하며, 신중히 사용한다."

나는 매일 아침 6시에 출근해, 스케줄을 30분 단위로 쪼개서 철저하게 관리한다. 주 5일 중 두 번은 오전 6시 조찬 모임을 가지기도 한다. 이렇게 체계적인 아침 루틴을 지킨 지도 어느덧 9년 정도 됐다. 처음에는 "정말 그렇게까지 해야 하나?"라는 의문도 있었지만, 지금은 이 '아침 집중 타임'이 나에게 엄청난 여유와 효율을 선물해주고 있다.

또한 몇 년째 이어온 루틴 중 하나로, 카카오톡 단체방 5곳에 반드시 오전 7시 전에 좋은 명언을 올린다. 이는 나와의 약속이자, 상대방에게 긍정적인 에너지를 전해주기 위한 습관이다. 그들은 나의 카톡 메시지로 하루를 시작하기도 한다.

사실 보통의 업무시간인 9시가 되기도 전에, 나는 그날 처리해야 할 핵심 업무를 대부분 끝마친다. 이메일 확인이나 결재 서류 점검, 내부 보고사항, 주요 사업 의사결정 자료 검토 같은 것들이다. 집중이 가장 잘되는 이른 시간에 중요한 작업을 몰아서 해두면, 오후 이후에 예고 없이 생기는 이벤트나 갑작스러운 미팅에도 마음 편히 대응할 수 있다. 덕분에 내 모습을 보는 사람들은 "어쩜 저렇게 늘 시간적 여유가 있지?"라고 느낄지도 모르지만, 사실 그 '여유'는 부지런하고 치밀한 아침 시간 활용으로 만들어진 결과다.

새벽 6시에 사무실에 도착해, 먼저 어제 일과에 오류나 미흡한 부분이 없는지 정리하고 오늘의 스케줄을 다이어리와 머릿속으로 한 번 더 확인한다. 컨디션 관리는 커피와 음악으로 한다. 외부나 직원들이 출근하기 전에, 하루치 일의 80%는 이미 처리해두는 셈이다. 그러고 나면 9시 이후에 누군가

불쑥 찾아오든, 예기치 못한 연락이 오든, 나는 한 박자 느긋하게 대처할 수 있다.

이런 모습이 쌓이면 내 주변인들은 "회사는 잘 돌아가는 것 같은데, 대표는 왜 그렇게 한가해 보이지?"라는 인상을 받는다. 그렇지만 나는 이것 또한 CEO로서 중요한 '이미지 메이킹'이라고 생각한다. 내가 분주해 보이고 조급해하면, 상대방도 편히 다가오기 힘들기 때문이다. 한가해 보이든, 여유 있어 보이든, 상대가 내게 쉽게 다가와야 새로운 이야기도 듣고 함께 아이디어를 만들 기회를 얻을 수 있다.

> **"CEO는 늘 시간이 여유로워 보이면 좋겠다.**
> **그래야 다른 대표들이 편하게 연락할 수 있고,**
> **궁금한 게 있으면 언제든 함께 머리를 맞댈 수 있으니까."**

나는 이 원칙을 몸소 실천하며, '아침 몰입형' 루틴을 통해 나만의 시간적·심리적 여유를 확보한다.

내가 또 하나 중요하게 여기는 것은, "흐트러짐 없는 자기관리"다. 새벽에 일찍 일어나고 점심 이전에 대부분의 업무를 마친 뒤, 남은 시간에는 운동·마사지·헤어숍 방문 등을 고루 배치한다. 어느 날은 골프를 치러 가기도 하고, 또 어느 날은 와인 시음회에 잠깐 들르기도 한다. 이런 모습에 대해서 "그냥 노는 거 아니야?"라고 보는 사람도 있지만, 나는 오히려 CEO라면 사업의 일부로서 외모와 건강, 그리고 문화적 감각을 관리해야 한다고 확신한다. 상대방이 언제 찾아와도, 혹은 내가 누군가를 만나러 가게 되더라도, "아, 대표가 정말 최상의 모습을 갖추고 있네"라는 신뢰감을 주고 싶다. 말하자면, 사람마다 기호나 취미가 다르기 때문에 그 주제에 맞춰 옷차림이나 대화를 준비하는 것도 내겐 하나의 숙제다.

특히 다양한 대표들을 만나기 위해선 골프·와인·공연·정치·경제 등 여러 분야를 어느 정도 알아둬야 대화가 이어진다. 나는 이런 지식과 취미가 결국 '사업의 촉매제' 역할을 한다고 생각한다. 대화를 나누다 보면 예기치 못한 협업 기회도 생기고, 서로에게 배울 점도 찾게 되니까.

나는 오전과 오후 시간을 가능하면 비워둔다. 직원들에게도 "갑자기 어떤 대표님이 오셔도 기꺼이 자리 만들고, 이야기할 수 있도록 준비해두자"고 얘기한다. 그렇게 해두면, 다양한 업종의 대표들이 가벼운 마음으로 내 사무실에 들러 차를 마시고, 인생 상담도 하며, 사업적 고민을 공유하기도 한다.

어찌 보면 내 일이 아닌 '타 업종'의 이야기가 무슨 소용이 있을까 싶지만, 나로서는 엄청난 공부가 된다. 그들이 겪는 어려움이나 시도, 그리고 성공담을 듣는 과정에서 내 사업과의 연결고리를 발견하기도 한다. 또한 내가 그들에게 아이디어를 주면, 그 또한 나의 또 다른 자산이 된다. 서로가 자연스럽게 시너지를 주고받는 것이다.

> **"사무실 문턱을 낮춰두면, 더 많은 대표가 편하게 온다.**
> **그 이야기를 듣다 보면 나도 덩달아 배우게 되고,**
> **또 뭔가 새로운 게 떠오른다."**

게다가 이런 네트워킹 자리는 억지스럽지 않고 자연스러울 때 더 파급력이 크다. 점심시간이면 다 같이 식사하며 근황을 나누고, 오후엔 살짝 차 한 잔 마시고. 그런 소소한 교류가 훗날 큰 성과로 이어지는 경우가 많다.

또 한 가지 내가 빠뜨리지 않는 습관은, '다양한 주제에 대한 지속적 공부'다. 대표들은 저마다 다른 취미나 관심사를 갖고 있다. 어떤 사람은 예술과 문화를 좋아하고, 또 다른 이는 정치·경제 뉴스를 중요하게 여긴다.

이때 내가 전혀 모르는 분야라면 대화가 겉돌 수밖에 없고, 그러면 상대방은 "이 사람은 관심이 없나 보네?"라며 마음을 닫는다. 반면, 내가 어느 정도 그 분야의 트렌드나 핵심 개념을 알고 있다면, 상대가 한마디 꺼냈을 때 자연스레 호응하며 깊은 대화를 끌어낼 수 있다.

이를 위해 잡지나 유튜브, 온·오프라인 강의 등을 통해 틈틈이 지식을 쌓는다. 예컨대 와인에 관심 많은 대표를 위해 와인 관련 서적을 미리 훑어보고, 골프를 좋아하는 분이라면 최근 골프 이슈나 신박한 골프용품 아이템 등을 미리 체크해두는 식이다. 이렇게 사소하게 준비한 정보가 미팅 현장에서 빛을 발할 때, "역시 기본기가 잘 갖춰진 사람이구나"라는 신뢰를 얻는다.

── 저자가 주는 *KEY POINT TIP* ──

1. 아침 몰입형 스케줄: 6시 출근, 30분 단위 업무
새벽부터 집중해 핵심 업무를 끝내면, 낮 시간대엔 여유와 탄력성이 생긴다. 예상치 못한 미팅이나 방문도 당황하지 않고 맞이할 수 있다. (주 5일 중 2회는 조찬 모임을 활용해보자)

2. 외모·건강·문화감각도 비즈니스 영역
CEO로서 겉모습과 컨디션은 바로 '브랜드 이미지'로 이어진다. 운동·마사지·헤어숍 등의 루틴을 생활화하라.

3. 사무실 문턱 낮추고, 교류의 장 만들기
오전·오후 시간에 다른 업종 대표들이 수시로 들러 대화할 수 있는 환경을 마련하자.
사람을 편하게 맞이하는 태도가 쌓이면, 의외의 협업이나 아이디어가 자연스럽게 떠오른다.

4. 하루 1시간이라도 '타 분야 지식'에 투자
잡지·영상·강의 등으로 골고루 학습해두면, 상대가 즐기는 테마를 함께 나눌 수 있다. 이런 대화가 깊어져야 인맥도 탄탄해지고, 사업적 시너지로 이어진다.

어디든 '내사람'은 항상 있다

: 관계형성의 첫번째 원칙 :

나는 늘 "한정된 시간을 가장 효율적으로 쓰자"라는 생각을 한다. 사람을 만나야 하는 일도 많고, 내 취미나 운동, 그리고 회사 관련 업무까지 동시에 처리할 것이 많다 보니 자연스럽게 "그럼 같이 하면 되지 않을까?"라는 결론에 이르렀다. 예를 들어 골프 연습이 필요하면, 협력 파트너와 함께 골프연습장을 찾아 동시에 연습도 하고 업무 이야기도 나누며 라운딩계획도 함께 맞춰본다. 걷기를 좋아한다면 같이 걷는 시간을 활용해 자연스럽게 아이디어 회의를 하거나 향후 계획을 공유하기도 한다. 그러려면 먼저 "내가 언제 어디서 뭘 하고자 한다"는 정보부터 상대와 충분히 나누어야 한다. 그래야 관심 있는 사람들은 편하게 동참할 수 있고, 서로 다른 영역도 시너지 있게 맞물린다.

> **"정작 운동을 하면서도 일을 함께 처리하자고 생각한 뒤에는 오히려 시간적으로 훨씬 여유가 생겼다."**

이렇게 시간을 합치는 건 단순히 효율성을 높이기 위한 것만이 아니라, 긴 협업 관계를 탄탄히 만드는 데도 큰 역할을 한다. 사실 "이 회사와 우리 회사가 MOU를 체결합니다"라는 공표만으론, 실제로 각 회사가 뒤섞여 협업하기가 쉽지 않다. 시스템과 문화, 그리고 그 회사를 구성하는 사람들을 제대로 알기 위해선 반드시 '충분히 함께하는 시간'이 필요하기 때문이다. 그래서 나는 "최대한 많은 걸 같이 해보자"라는 원칙을 세워왔다. 예컨대 8~9년째 MOU를 유지해온 인테리어 회사와는, 이제 CEO끼리만 친한 게 아니라 양쪽 직원들도 서로 얼굴을 트고 편하게 협업할 정도로 관계가 깊어졌다.

보통 이런 케미가 맞으려면 최소 1년 이상은 정말 밀도 높은 시간을 함께 보내야 한다. 때로는 서로의 회사가 24시간 붙어다니는 것처럼 온갖 상황을 공유하고 나서야 비로소 "어떤 사업을 같이 해보자" 했을 때 막힘없이 추진되는 순간이 찾아온다. 그래서 나는 여러 조찬 모임이나 그룹 활동을 하면서, 모든 사람과 폭넓게 친해지기보다는 각 모임마다 진짜로 신뢰를 쌓을 네다섯 사람을 만들어두려 한다. 한 그룹에 내 '찐친'이 한두 명이라도 있으면, 그들이 나와 잘 맞을 것 같은 새로운 사람들을 또 연결해주고, 그 연결이 다시 다른 모임으로 옮겨가면서 좋은 인연들이 스며든다.

> "한 모임에서 내가 진짜 마음을 터놓을 친구가 생기면
> 그 사람이 또 다른 모임에서도 나를 소개해주고,
> 그렇게 연결된 인연이 다시 새로운 비즈니스로 이어지는
> 선순환이 일어나더라."

결국 핵심은, 각 그룹에서 "내 사람"이 되어줄 한두 명을 찾고, 그들에게도 내가 성실하게 보답하는 것이다. 상대가 "이 분이라면 믿을 만하다"고 확신하게 되면, 자연스럽게 다른 모임에서도 좋은 분들을 내게 소개해주고, 내가 없는 자리에서도 내 회사나 프로젝트를 챙겨주기도 한다. 그렇게 관계의 선순환이 만들어지면, 나도 상대방을 위해 필요한 정보를 적극적으로 연결해주고, 그러는 사이 내 협력사들은 어느새 "나처

럼" 움직여주는 팀이 된다. "내가 또 하나의 허브가 되고, 내가 그들에게도 허브가 되어주는" 구조가 자리 잡으면, 시간이 갈수록 내 회사를 돕는 조력자가 끊임없이 늘어나게 된다.

저자가 주는 KEY POINT TIP

1. 시간을 합쳐서 시너지 내기
일이든 취미든, 부족한 시간을 탓하지 말고 목적을 합쳐보자. 서로 어디서 뭘 하는지 열어두면, 생각지도 못한 협업이 자연스럽게 생긴다.

2. MOU만으로는 부족, 실제로 자주 붙어 있어야
'공식 서류'보다 중요한 것은 서로의 시스템과 문화를 체득하는 것. 짧아도 1년 이상 밀도 높은 시간을 보내면 사업 제안도 부드럽게 이어진다.

3. 믿을 만한 인연, 한두 명이면 충분
모든 사람과 두루 친해지긴 어렵다. 모임마다 찐친 한두 명이 자리 잡으면, 그들이 좋은 인연을 내게 소개해주고 선순환이 생긴다.

4. 내가 먼저 챙기고 정보를 주면, 나중엔 주변도 '나처럼' 움직여준다
서로가 서로의 허브가 되는 구조가 생기면, 내가 없어도 내 일을 응원해주는 조력자가 늘어난다.

5. 결국 협업의 선순환 = 관계 투자
한정된 시간을 합쳐 효율을 높이고, 동시에 오랜 시간 붙어 다니며 신뢰를 쌓자. 이런 과정이 쌓여야 진짜 협업 라이프가 완성된다.

PART 4

위기를 기회로 바꾸는 경영 철학

어려운 상황일수록
기회가 숨어 있다

위기는 기회의
또 다른 이름이다

: 불가능을 가능으로 만든 성장 스토리 :

 중국의 사드 사태를 맞닥뜨리고서도 '이왕 시작한 길이라면 더 파보자'라는 집념으로 현지 제조·유통 사업을 구축했던 사람이 있다. 이후 한국에 돌아와 중국에서의 경험을 토대로 자국(한국) 시장에도 새롭게 도전하고, 마침내 마케팅까지 터득해 성공 가도를 달린다면, 도대체 어떤 모습일까? 이는 바로 L대표 이야기다. 특유의 긍정 에너지와 배움에 대한 열정, 그리고 "사람이 곁에 있고 서로 돕는 것만큼 힘이 되는 건 없다"라는 신념이 몸에 밴 인물이다.

 L대표는 사실 중국 유통·제조로 큰돈을 벌어본 경험이 있다. 그러나 호시탐탐 좋은 기회가 있으면 과감히 움직이고, 설령 사드 같은 대형 위기가 닥치더라도 '그럼에도 해볼 수 있

는 건 다 해보자'라는 긍정적 태도로 추진한다. 실제로 그 어려운 시기에도 현지 공장을 살리고, 중국 네트워크를 다듬어 기회를 잡아낸 것이다. 그리고 귀국 후에는 중국에서 제조된 제품을 국내에서 유통하는 전략을 세워, 이른바 '메이드 인 차이나'에 대한 선입견을 효과적으로 극복해냈다. 이 과정에서 그는 마케팅이라는 새로운 무기를 연구하게 되었다.

흥미로운 것은, 마케팅이라고 해봤자 대부분의 CEO들이 '외부 전문 업체를 쓰면 되지 않느냐'고 말하지만, L대표는 직접 배워 실무를 익히는 쪽을 택했다. "남에게 맡기기만 하면 한계가 있고, 내가 전 과정의 디테일을 알면 설령 외주를 주더라도 협업의 퀄리티가 올라간다"라는 게 그의 지론이다. 그래서였을까, 중국에서 이미 제조·유통의 노하우가 충분한데도, 국내 마케팅에 대해선 아예 '초심자 모드'로 돌아가서 다시 한 번 공부하고, 돈과 시간을 기꺼이 투자했다. "새로운 거 배울 땐 지름길이 없죠. 비용도 들고 시간을 들여야 제 것이 됩니다."라는 말에는 본인이 경험으로 깨달은 소신이 담겨 있다.

사람들은 L대표에 대해 하나같이 말한다. "그 사람, 마음의 그릇의 크기가 큽니다. 긍정적인 에너지를 무한대로 뿜어

내죠." 실제로도 사소한 일을 의논하거나 작은 협력 사업 아이디어를 공유할 때면, 그는 거의 "좋아요, 일단 한번 같이 보죠!"라는 반응이 먼저 나온다. 주변에서는 "참 저렇게 쿨하기 쉬운가"라고 감탄하곤 하지만, 사실 그 밑바탕에는 '크게 움직이다 보면 작은 문제는 자연스럽게 해결된다'라는 믿음과, '사람을 쉽게 내치지 않는 포용력'이 있다.

그리고 이 긍정적 태도는 동종 업계나 협력사 대표들, 혹은 지인 CEO들에게도 큰 영향을 준다. 자기 일이 아니더라도, 조금이라도 힘이 되면 기꺼이 연결해주고, "객관적 판단이 필요하면 언제든 물으라"며 조언을 아끼지 않는다. 그가 평소 "내 옆에 누가 있느냐가 정말 중요한데, 그걸 놓고 고민될 땐 저한테도 꼭 물어보세요. 제 판단이 100% 옳다는 건 아니지만, 서로가 조금씩 보태면 더 나은 답이 나오죠."라고 말하는 대목이 그 증거다. 실제로 L대표는 본인 스스로도 신뢰하는 지인들에게 여러 협력사나 동업자를 검증받는 편이다. 이처럼 '객관적 시각을 빌려오는' 습관이 믿을 수 있는 네트워크 구축의 핵심이라는 사실을 잘 안다.

흥미로운 사실은, L대표가 여러 지인 대표들과 '거의 매일' 소통한다는 점이다. 대체 무슨 얘기가 오갈까 궁금할 법도 하지만, 정작 본인은 "작은 일이라도 자주 만나면 친해지고, 친해지면 협업 기회도 수시로 생긴다"라고 대수롭지 않게 말한다. 강남 사무실 근처를 지날 때면 언제든 연락하고, 10분이라도 스치며 이야기를 나누는 것이 그에겐 자연스러운 루틴이다. 이 편안함과 일상성이 오히려 탄탄한 관계의 기반이 된다. 그리고 그런 관계 위에서 새로운 정보와 트렌드, 협업 아이디어가 오고 가니, 매일이 '배우고 또 배우는 과정'이 된다.

또 하나 그의 두드러진 특징은 "배움에 드는 비용을 전혀 아까워하지 않는다"라는 점이다. 무언가 배울 가치가 보이거나, 조금이라도 도움이 될 만한 세미나·컨퍼런스·강연이 있으면 "초심으로 돌아가 그냥 들어보고 싶다"라며 즐겁게 참여한다. 그 모습을 곁에서 지켜보는 사람들은, "아니, 이미 사업적으로 성공한 사람이 뭘 더 배울 게 있나?"라고 의아해하지만, L대표는 오히려 "그런 때일수록 더 배워야 한다. 배움은 끝이 없다"라며 웃는다. 덕분에 같이 지내는 CEO들도 자극을 받고, 업계 트렌드를 놓치지 않도록 서로 정보를 공유한다.

그리하여 완성된 것이 바로 L대표의 "중국 시장 + 한국 마케팅 + 꾸준한 배움"이라는 하이브리드 전략이다. 해외 제조 기반을 놓고 국내 유통판을 마케팅으로 파고들고, 그 사이에 남다른 인간관계를 촘촘하게 짜넣어 시너지를 낸다. 이 수작업 같은 노력은 모두 '긍정'과 '투자'라는 태도에서 비롯되었다. 시간을 내고 돈을 쓰고 자신을 낮추면서도, 반대로 얻는 건 더 큰 사업 기회와 협업 파트너들이다.

결국 그는 스스로 말하듯 "내가 성공하는 것보다, 같이 크는 게 훨씬 재밌고 좋은 일"이라고 한다. 그리고 정말로 그런 가치관이 바탕이 되어 매일 주변 지인 CEO들과 소통하고, 좋은 정보를 아낌없이 공유한다. 사업이든 취미든 한 번 꽂히면 비용을 들이는 것도 서슴지 않는 모습에, 사람들이 그를 보고 '긍정 거인'이라 칭하는 것도 무리는 아니다.

저자가 주는 KEY POINT TIP

1. 배움에 드는 비용은 전혀 아깝지 않다
학습 기회, 네트워크 참여, 컨퍼런스 참석 등에 과감히 투자하자. 초심으로 돌아가 "배우겠다"는 태도가 결국 더 큰 길을 열어준다.

2. 사람 곁에 사람이 필요한 이유
막연한 호의가 아니라, 서로가 힘써 객관적 판단도 구해 주고 필요한 인맥·정보도 나눈다면 관계는 튼튼해진다. 작은 기회도 놓치지 않을 든든한 파트너십을 구축하자.

3. 적극적인 소통으로 협업 기회를 확대
가까운 사무실 근처라도 '스치듯' 만나는 시간이 쌓이면 자연스러운 '대화의 장'이 열린다. 이를 통해 사소한 아이디어가 공동사업으로 이어질 수도 있다.

4. 해외 경험 + 국내 전략, 시너지로 완성
해외 제조·유통 노하우를 국내 마케팅 전문성으로 연결하고, 끊임없는 학습과 관계 형성으로 '긍정 거인'의 장점을 극대화한다. 이는 상호 보완적 성장을 일으키는 밑거름이 된다.

"위기는
변장의 기회를 하고 찾아온다."

존 F. 케네디 (John F. Kennedy)

기존 산업도 얼마든지 새롭게 만들 수 있다

: 전통과 혁신을 접목하는 법 :

　버스회사의 2세라면, 흔히 부모 세대의 경영방식을 그대로 물려받아 정체될 것이라 생각하기 쉽다. 하지만 H대표를 보면 그 편견은 단숨에 깨진다. 그는 버스회사라는 전통적인 운송업을 지키면서도, 부동산 투자나 주차장 운영등 전혀 다른 업종까지 손대며 실패 없는 도전을 이어가고 있다. 늘 '이기는 습관을 몸에 익혀온 것 같다는 말이 나오지만, 실상은 그저 운이 좋은 게 아니다. 철저한 공부와 섬세한 네트워킹, 그리고 함께하는 사람을 중시하는 마인드가 그를 지금의 자리에 올려놓았다.

　H대표에게 버스회사는 '가족이 물려준 소중한 자산이자 '새로운 확장을 위한 토양'이다. 많은 2세 경영자들은 "우리 업

자체가 너무 폐쇄적이라 바깥의 아이디어나 정보가 잘 들어오기 어렵다"라고 토로하지만, 그는 오히려 그 폐쇄적인 특성을 역으로 이용한다. "버스업계가 쉽지 않고 한정적이라면, 내가 먼저 다른 업종과 협력해야죠"라는 태도로, 다양한 업종을 접목하거나 새로운 사업 모델을 개발하는 쪽을 택했다. 실제로 회사 소유 부지 일부를 활용한 주차 관리 사업이나, 지역 사회에 필요한 시설을 유치하여 시너지를 만들려는 시도도 그 예다.

그렇다고 버스회사를 가볍게 보는 건 아니다. 운송업 고유의 어려움을 깊이 이해하며, "부모님의 경영 철학과 노하우를 결코 무시할 수 없다"고 말한다. 동시에 새로운 디지털 장비나 시스템을 도입하는 일에 주저하지 않는다. 업계가 폐쇄적이어서 좋은 협력사를 찾기가 쉽지 않아도, 그 과정을 재미 삼아 "새로운 길을 내가 먼저 열겠다"고 나선다. 그 적극성이, 결국 "이 사람은 하려면 제대로 밀어붙이는 추진력이 있구나"라는 평판을 만들어냈다.

주변에서는 H대표를 두고 "보통 2세들은 곁을 잘 열지 않는데, 이 친구는 의외로 속내를 잘 털어놓고 도움도 청한다"라고 한다. 이를테면 부모와의 경영 의견 차이나 조직 내부 갈

등 같은, 남들은 드러내길 꺼리는 사적인 이야기도, 그가 신뢰하는 지인들에겐 거리낌 없이 조언을 구한다. "사람 혼자서는 절대 못 살아요. 그리고 제가 잘나 보인다고 좋은 것만 아니잖아요"라는 그의 말에서, '오픈 마인드'가 단순한 포장용이 아니라 진짜라는 걸 느낄 수 있다.

실제로, 협력사가 필요하면 지인들에게 먼저 소개받고, 주변 회사가 어려움에 처하면 자신이 가진 인맥과 자원을 총동원해 돕는다. 예컨대 급하게 요소수가 필요한 상황에도 즉각 대응해주고, 통신 관련 장비나 각종 설비를 연결해주기 위해 발로 뛰는 모습은 "자기 일만 신경 쓰기에도 바쁜 2세 CEO"라는 일반적인 이미지와 정반대다. 그런데 이렇듯 베풀고 연결해주다 보니, 사업적으로든 인간적으로든 든든한 지원군을 얻는 것은 당연한 결과다.

H대표의 투자나 사업 확장이 대부분 '성공'이라고 평가받는 것을 두고, 주변인은 "어떻게 매번 이길 수 있지?"라고 궁금해한다. 그러나 직접 얘기해보면, 그는 신중하다 못해 디테일에 집요할 정도다. 새로운 사업 아이디어나 부동산 투자 이야기가 나오면, 반드시 지인들에게 '이중·삼중 검증'을 받고, 전문가나 주변 대표들의 의견을 적극적으로 듣는다. "제가 남

성 대표들이 놓칠 수 있는 디테일을, 여성 CEO에게 조언받을 때가 많아요"라고 웃으며 말하지만, 그 안에는 객관적 시각을 빌려 판단을 보완하겠다는 계산이 깔려 있다.

그뿐만 아니라, 정작 실행 단계에서는 누구보다 빠른 결정력을 보여준다. "시기가 맞으면 미루지 않는다"라는 게 그의 철학이다. 준비 과정을 치밀하게 마치고 나면, 뒤는 과감하게 건너뛰는 모습을 보이니, 상대가 볼 땐 "실패하는 법이 없을 정도로 깔끔하고 신속하게" 일하는 것처럼 보인다. 실은 보이지 않는 곳에서 무수히 많은 시나리오를 검토하고, '이길 확률'을 높여둔 것이다.

H대표와 친밀하게 지내는 이들은, 그 관계에서 "단지 비즈니스 이상의 힐링과 편안함을 얻는다"라고 말한다. 그는 자신이 가진 추진력, 체력, 배경 등을 허세나 과시로 내비치지 않고, 오히려 상대방이 더 빛나도록 챙겨준다. 어떤 동업 제안이 들어와도, "내가 다 알 수 없으니 같이 판단해보자"라며 주변의 통찰을 구하고, 그 통찰을 존중한다. 이렇듯 낮은 자세와 적극적인 소통이 결합되니, 그를 돕고 싶어 하는 사람들도 자연스레 늘어난다.

사업가들 사이에선, 특히 남성 CEO들이 자존심 탓에 쉽게 못하는 '고민 상담'도 H대표에게는 자연스럽다. 그는 듣고 공감해주는 데 능숙할 뿐 아니라, 필요하면 "제가 도울 수 있는 선에서 당장 움직여볼게요"라는 행동력까지 보여주니, 더욱 믿음을 산다. "2세가 이 정도로 성실하고 낮은 자세면, 같이 성장해볼 만하다"라는 말이 절로 나온다.

결국 이 모든 모습은 H대표의 경영 철학—'버스 운송이든 부동산이든, 새로운 업종이든, 결국 사람 간의 신뢰에서 성패가 갈린다'—을 증명한다. 과감함과 섬세함, 나눔과 협력의 자세가 한데 어우러져, 그는 실패 없는 도전을 이어가고 있다. 그리고 그 모습은, 많은 이들이 말하듯 "이기는 습관"이 아니라 "확실하게 준비하고, 주변과 함께 움직이는 습관"에서 비롯된 것인지도 모른다.

저자가 주는 KEY POINT TIP

1. 폐쇄적 업종에서라도 '외부 협력'을 두려워 말자
전통 산업일수록 신기술, 신사업 아이디어가 필요한 시점이 반드시 온다. 그럴 땐 먼저 문을 열고, 여러 업종 사람들과 협력할 길을 찾아보자.

2. 적극적 베풂이 결국 더 든든한 네트워크를 만든다
필요할 때 빠르게 도움을 주고, 파트너가 필요한 부분은 연결해주는 식으로 '실질적 호의'를 보이면, 그것이 두고두고 본인에게 큰 힘이 된다.

3. '2세 경영자'도 겸손과 공부가 필수
부모 세대가 일군 유산에만 기대지 말고, 새로운 확장을 시도하기 위해 전문인들의 객관적 검증을 받고 여러 지인에게 피드백을 구하자. 신중한 검토 후엔 과감하게 밀고 나가는 것도 필요하다.

4. 사적인 고민까지 나눌 수 있는 파트너십이 성장의 열쇠
단지 사업 이야기만 오가는 관계보다, 속 깊은 이야기와 감정까지 공유할 수 있다면 훨씬 폭넓은 협력이 가능해진다. 서로 위로해주고 아이디어를 주고받는 일이, 성과로 이어지는 지름길이다.

직장인도 CEO가 될 수 있다

: 회사가 원하는 사람의 기준 :

R대표는 원래 통신 대리점의 평범한 직원으로 시작했다. 대다수 직장인이 맡은 역할만 충실히 해도 나쁘지 않은 평가를 받는 현실 속에서, 그는 일찌감치 한계를 깨고 '이 조직 전체를 살피겠다'는 마음으로 업무에 몰입했다. 매출뿐만 아니라 고객 민원, 신규 사업 기회 등까지 고민하며 자처해 해결책을 찾는 모습에, 주위에서는 "직원인데도 마치 사장 같다"고 의아해했다. 그 진지한 태도는 윗선의 눈에 당연히 들어왔고, 결국 그는 몇 해가 채 지나지 않아 "네가 맡아보는 게 어때?"라는 제안을 받았다. 보통은 '회사 옮긴다'고 말하던 시기에, R대표는 CEO 자리에 발탁된 것이다.

자리에 올랐다 해서 다 CEO가 되는 건 아니다. 그저 높은 위치가 주어졌어도 조직이나 사람을 제대로 다루지 못하면 오히려 역풍을 맞기 십상이다. R대표는 이를 누구보다 잘 알았다. 그래서 첫 단추로 조직 운영 시스템부터 재편하기 시작했다. 직원들이 목표를 어떻게 잡고, 어떤 과정을 통해 성과를 평가받는지, 그 보상을 어떤 방식으로 받는지를 전부 투명하게 공개했다. 기존에는 다들 수익을 만들어도 "이게 내 월급으로 직결되는 걸까?"라며 반신반의했다면, 새 시스템 하에서는 "내가 이런 기여를 하면, 이런 형태로 되돌아오는구나"가 명확해졌다. 이 변화 덕분에 직원들 사이에 긍정적인 경쟁심이 피어났고, 자연스럽게 매출과 성과도 올라갔다.

그와 동시에 R대표는 사무실 환경과 복지에도 신경 썼다. 무언가 거창한 복지정책이라기보다는, 실제로 직원들이 "여기서 일하는 게 즐겁다"고 느낄 수 있는 작은 디테일들을 잡아냈다. 쉬는 공간을 더 쾌적하게 꾸미고, 간식이나 편의물을 준비해두는 등 누구나 쉽게 체감할 수 있는 부분에 투자를 아끼지 않았다. 그 역시 직원 시절 "내가 사장이라면 이런 건 꼭 챙길 텐데"라고 생각했던 사소한 아이디어들이 실제로 하나씩 구현된 것이다. 직원들은 "배려받고 있다"는 느낌 덕분에 회사와 일을 더욱 내 일처럼 여겼다.

CEO가 되면 저절로 인맥이 늘고 정보를 얻을 수 있을까? 대개는 그렇지 않다. 오히려 고독해지는 경우가 많다. 그러나 R대표는 실무자 모임, 동종업계 단체, 각종 CEO 모임 등에 적극 발을 들였다. 물론 여기까지는 흔한 행보다. 그의 진짜 특이점은 궂은 역할을 자처했다는 데 있다. 대체로 최고경영자는 단체장급 아니면 조용히 앉아 있다. 잡다한 일은 총무나 사무국장 같은 사람 몫이란 인식이 강하기 때문이다. R대표는 반대로 "내가 기여해야 관계도 깊어진다"면서 사무국장, 운영진 등 일이 많은 업무를 맡았다. 덕분에 모임의 핵심 멤버들과 빠르게 친분을 쌓았고, 그 과정에서 특정 사업 정보를 비롯해 각종 기회를 얻을 수 있었다. 다른 CEO들이 "저번에 R대표가 고생 많았지"라며 호의적으로 다가와 준 것도 큰 자산이 되었다.

사실 이런 열정과 책임감은 갑자기 생긴 것이 아니다. 직원 시절부터 그는 업무가 뜻대로 안 될 때나 지시사항이 너무 많아 난감할 때조차 "이건 내가 성장할 기회"라고 여겼다. 월급만큼만 일하면 된다고 선을 긋지 않았기에, 누구도 시키지 않은 문제를 스스로 발견하고 해결하려 애썼고, 성과가 쌓일수록 조직에서도 인정해 주었다. "CEO가 따로 있는 게 아니더

라. 회사에 내 이름을 걸고 일한다는 책임감만 있으면, 언젠가 내 길이 열리는 것 같다." R대표가 가끔 하는 이 말을 주변인들은 자주 인용한다. 한마디로, 그는 먼저 리더십을 발휘했고, 그 결실이 그를 진짜 CEO 자리에 앉힌 셈이다.

이제 그가 이끄는 회사는 직원 수십 명과 함께 매년 안정적인 매출을 올리고 있다. 구성원의 만족도나 조직 문화를 보면 더없이 건강하다는 평가를 받는다. 스스로를 "직원 때부터 사장 마음으로 일하던 사람"이라 자부하는 R대표는 앞으로도 성과 보상과 복지에 더 공을 들일 작정이다. 그는 새로운 CEO 모임에서도 운영을 위해 먼저 희생하여 솔선수범하며 일하는 것을 마다하지 않는다. "먼저 움직이는 사람이 결국 기회를 잡는다는 걸 직원 시절부터 느꼈거든요"라고 웃으며 말하는 모습이, 그가 왜 발탁형 CEO로 성공할 수 있었는지 잘 보여준다.

저자가 주는 *KEY POINT TIP*

1. 직원 때부터 사장 마인드로
'이건 내 일이 아니야'라고 선을 긋지 말고, 조직 전반을 둘러보며 내 역할을 확장하면, 리더십과 책임감이 자연스레 쌓인다.

2. 보상체계와 근무환경에 먼저 투자
직원들은 평가와 보상이 불투명하면 의욕을 잃고, 복지가 열악하면 애정이 식는다. 조금만 신경 써도 조직의 시너지가 크게 오른다.

3. 밖에서도 궂은일을 맡아라
좋은 모임에서 먼저 움직이면 핵심 인맥과 기회를 얻는다. 최고경영자라도 직접 발로 뛰는 모습을 보이면, 그만큼 폭넓은 네트워크가 형성된다.

광고비 없이도
브랜드를 키우는 방법이 있다

: 대표가 직접 마케팅하는 법 :

    단순히 아이디어나 전문성만으로 비즈니스를 이어가긴 어렵다. 우리의 생각이 누군가에게 "매력적인 기회"로 다가가려면, 먼저 '말하고 써보고 공유하는' 습관이 중요하다. 예컨대 잘한 것, 못한 것, 목표나 일정 등을 미리 적고 정확히 짚어주면 상대방과의 소통이 훨씬 매끄러워진다. 잘못한 부분이 있다면 "이 부분이 제 실수였다"며 깔끔히 인정하고, 타인의 과오 역시 "여기는 이런 개선이 필요해 보입니다"라며 부드럽게 말하자. 열 번 중 한 번이라도 말을 예쁘게 건네면, 나머지 아홉 번에서 생길 수 있는 불화가 크게 줄어든다.

"내 실수를 솔직히 인정하는 순간에 오히려 신뢰가 생겼다."

그뿐만 아니다. "반드시 먼저 베풀어라"라는 말은 아주 오래된 진리지만 여전히 유효하다. "내가 손해 본다"는 식의 계산법이 아니라, "내가 먼저 선물하고 인연을 만드는 쪽이 이득"이라는 사고방식이 필요하다. 이를테면 고객이나 주변 지인에게 보조 배터리, 작은 문구류 같은 사은품을 자주 건네주어 "아, 정예진 대표님을 만나면 뭔가 받을 수 있구나"라는 이미지를 심어놓는 것이다. 사람들은 받으면 기억한다. 거창한 것일 필요는 없다. 사소한 아이템에 회사 소개서나 로고를 곁들이면, 좋은 인상을 주면서도 내 브랜드를 각인시키는 일석이조의 효과를 얻는다.

이런 전략적 베풂은 결국 '마케팅'과 맞닿아 있다. "마케팅은 대표가 직접 파악하라"는 말이 괜히 나오는 게 아니다. 전문 마케터나 대행사에 맡길 수도 있지만, 대표 스스로 회사의 장단점을 꿰고 있어야 궁극적으로 고객이 어떻게 흘러오는지, 어디가 막히는지를 실감할 수 있다. 사실 내 회사에 대해 대표만큼 폭넓게 알고, 열정적으로 홍보할 사람은 없다. 작은 자료라도 직접 만들고, 고객이 전화를 해오면 "아, 이 광고 채널 덕에 유입됐구나"라고 즉각 파악하는 능력은 대표가 아니면 알기 어렵다.

> **"세세한 문제도 직접 들여다보니 훨씬 빨리 해결할 수 있었다."**

    더욱이 요즘은 온라인·오프라인, 영상·SNS, 블로그·커뮤니티 등 마케팅 채널이 무수히 많아졌다. 한동안 유행하던 블로그 마케팅이 어느새 영상 플랫폼 마케팅으로 옮겨가고, 이제는 쇼츠나 틱톡을 통한 초단타 홍보가 각광받는다. 대표가 적절한 시점에 전문가의 손을 빌릴 수는 있지만, 기획과 디렉션은 자신이 중심에 서서 잡아야 한다. 시장 흐름이 어떻게 움직이는지, 그 트렌드를 따라가려면 공부를 게을리해서는 안 된다. 매일 변하는 채널, 새로 뜨는 플랫폼을 대표가 모르면, 남이 대신해줘도 한계가 생긴다.

    결국, 성공적인 마케팅은 대표가 "얼마나 직접 챙기느냐"에 달렸다. "내가 모르면 아무 소용이 없다"라는 말은, 나만큼 내 회사를 객관적으로 판단하고 장단점을 보완해줄 사람이 없다는 뜻이기도 하다. 목표를 구체적으로 설정하고("이번 달에는 SNS 팔로워를 몇 명까지 늘리겠다", "다음 분기에는 신규 문의 전화를 몇 건 이상 만들어내겠다"), 주기적으로 기록하고 성과를 측정해보자. 그 과정에서 '먼저 베푸는' 방식의 프로모션이나 인연 만들기가 훨씬 큰 시너지를 낳는다. "내가 먼저 다가간다"

라는 태도가, 알게 모르게 고객이나 파트너에게 따뜻한 기억을 쌓아주기 때문이다.

저자가 주는 KEY POINT TIP

1. 목표 적기와 공유
잘한 점·못한 점을 구체적으로 적어보고, 목표나 일정을 협업 파트너나 팀원들에게 미리 공유하자.

2. 말은 예쁘게, 먼저 베풀기
상대가 틀렸더라도 부드럽게 표현하면 불필요한 감정싸움을 피할 수 있다. 작은 사은품이나 자료를 챙겨주어 "나를 만나면 뭔가 얻는다"라는 좋은 인상을 심어주자.

3. 대표가 스스로 마케팅 기획
외주나 전문가 활용은 좋지만, 핵심 기획은 대표가 직접 책임져야 한다. 내 브랜드의 장단점, 고객의 흐름을 제대로 파악하려면 대표가 마케팅의 주도권을 쥐는 편이 낫다.

4. 채널 다양화, 매일 공부하기
블로그·유튜브·틱톡·커뮤니티 등 채널은 급변한다. 한 번 배웠다고 안주 말고, 날마다 변화를 확인하며 새로운 홍보 방식을 익혀야 시대에 뒤처지지 않는다.

5. 자신만의 베풂 전략으로 각인
간단한 기념품이나 배터리처럼 사소한 굿즈라도 브랜드 로고를 붙여 전하면 고객은 기억한다. "정예진 대표를 만나면 뭔가 얻을 수 있더라"라는 인식이 곧 광고이자 신뢰다.

핑계를 버려야 성공이 보인다

: 무조건 실행하는 사람들의 법칙 :

나는 사업을 이끌면서 늘 '핑계 없는 실행'이 가장 중요하다고 믿는다. "시간이 없어서", "장소가 안 맞아서" 같은 말은 더 이상 통하지 않는 시대다. 스마트폰과 노트북만 있으면 어디서든 업무가 가능하고, AI로 문서를 검토하거나 직원들과 통화로 의사결정을 내릴 수 있어, 굳이 특정 장소에 구애될 필요도 없다. 예전에는 운전대를 직접 잡고 하루를 분주히 뛰어다니곤 했지만, 이제는 이동 중에도 업무를 처리하며 쉬지 않고 달려간다. 그만큼 '장소 탓, 시간 탓'이 사라진 덕분에 더 높은 효율을 기대할 수 있게 됐다.

> **"가끔은 '나를 너무 혹사시키는 건가' 싶지만,
> 동시에 '이렇게 편리한 시대에 굳이 핑계를 댈 필요가 있을까?'
> 하는 생각이 더 크다."**

무엇보다 '핑계 없는 실행'이 가능하려면 내 몸과 마음이 튼튼해야 한다. 내가 "사소한 몸 관리도 잘 못하는 사람이 사업을 탁월하게 해낸 사례는 보지 못했다"라고 말하는 이유다. 몸이 허약하거나 정신력이 약하면, 아무리 좋은 AI 기술과 협업 툴을 가져다 써도 금세 한계에 부딪힌다. 그래서 매일 꾸준히 운동하며 체력을 다지고, 빡빡한 스케줄에서도 흔들림 없이 몰입할 수 있도록 준비한다. 특히 지금처럼 일상 어느 순간에든 스마트폰과 노트북이 연결되어 있으면, 이동 중에도 문서를 확인하고, 고객 미팅 일정을 잡고, 직원들과 메시지를 주고받을 수 있다. 이 모든 게 체력이 받쳐줄 때 가능한 일이더라.

또 다른 핵심은 "가장 먼저 발 빠르게 적응하는 태도"다. 정보가 넘쳐나는 시대에 뒤늦게 출발하면 그만큼 경쟁자들에게 기회를 빼앗기기 쉽다. 나는 유튜브나 온라인 강의에서 트렌드를 파악하는 것도 좋지만, 직접 찾아가 현장 강의를 듣거

나, 실제 전문가를 만나 의문점을 해소하는 편이 더 큰 깨달음을 준다고 생각한다. 새로 등장한 기술이나 프로그램이 보이면 재빨리 시도해보고, 시행착오도 겪는다. 고민만 하느라 시간을 보내는 대신, 부딪쳐서 문제를 확인하고 대안을 찾는 편이 훨씬 효율적이다. 이 문화를 조직에 뿌리내리기 위해선 내가 먼저 경험해보고, "이거 해보니까 괜찮더라" 하며 직원들에게 자신감을 심어주는 것이 중요하다.

> **"내가 직접 먼저 써보고, '생각보다 편한 점이 많다'고 설득했더니 모두가 빠르게 적응해 의외의 성과를 내더라."**

사실 도전과 시행착오 없이 고민만 가득하면 발전은커녕 현상 유지조차 쉽지 않다. 나 또한 '실패할까 봐 망설이는 것'을 가장 경계한다. 빨리 시도하고 빨리 깨닫고, "여기는 아니다 싶으면 다음 길로 갈아타자"는 태도가 결국 속도전을 이긴다. 직원들에게도 "무조건 완벽을 기하려고 시간을 보내느니, 실행하면서 배우는 게 낫다"고 말한다. 그러면 조직 전체에 신선한 에너지가 돈다. AI든 새로운 프로그램이든, '기존보다 더 낫다'고 판단되면 나는 주저 없이 써보고, 안 맞으면 더 좋은 대안을 찾는다. 이 추진력과 빠른 판단력이 결국 미래를 선점하는 가장 확실한 무기가 되어준다고 믿는다.

"가만히 앉아 '이거 하면 안 될 것 같아'라고 걱정만 하는 사람이 결국 무엇을 이루는 걸 본 적이 없다.

시도하면서 배우고, 실행하며 실패도 겪어야 그다음이 보인다."

저자가 주는 KEY POINT TIP

1. 이동 시간도 온전한 업무 시간으로 만들자
- 스마트폰·노트북·AI 협업 툴을 적극 활용하면, 장소와 시간의 제한이 줄어든다.
- '길 위의 시간'을 불필요한 공백으로 두지 말고, 업무 효율을 높이자.

2. 체력과 정신력이 곧 사업 경쟁력
- 몸이 받쳐주지 않으면 아무리 좋은 기술도 소용없다.
- 꾸준한 운동과 생활 습관으로 '핑계 없는 실행'이 가능한 체력을 준비하자.

3. 새로운 기술·프로그램은 직접 부딪쳐보고 판단
- 고민만 하는 대신, 빠르게 시도하고 시행착오를 통해 학습하자.
- 안 맞으면 다른 길을 찾으면 되니, 실행의 속도가 경쟁력이다.

4. CEO가 먼저 경험해 직원에게 자신감을 주기
- 내 스스로 시행착오를 겪어본 뒤, "생각보다 괜찮다"라고 권하면 조직 전체가 훨씬 빠른 속도로 변화를 수용한다.

5. 망설임보다 실행, '실패 = 성장의 자양분'
- 완벽에 대한 집착으로 시간을 허비하지 말고, 일단 도전하며 배우자.
- 미래를 먼저 선점하는 것은 결국 '속도감 있는 실행'에서 나온다.

여성이건 남성이건 결국 살아남는 사람은 버티는 사람이다

: 끝까지 가는 CEO들의 비결 :

나는 여성 대표로 일하면서 참 많은 차별과 선입견을 경험했다. 처음 사업을 시작했을 때, 사람들은 내 소개도 듣기 전에 "매출은 얼마나 나오는데요?"라고 물었고, "여자가 이런 업종을 어떻게 해내겠어?" 같은 말을 무심히 내뱉곤 했다. 때론 회사 일에서 자연스럽게 배제되거나, 협업 네트워크에 초대받지 못하기도 했다. 마치 "여자니까 당연히 못 할 거야"라는 생각 속에 방치당한 느낌이었다.

> "사업 초기에, 회식이나 운동 모임이
> 남성들 중심으로 돌아가는 걸 볼 때마다
> '내가 여기 낄 자리는 없나?' 하는 외로움이 밀려왔다.

실제로 집에 돌아와 혼자 울기도 여러 번이었다."

어떤 모임은 운동이 족구나 농구처럼 남성 위주로만 편성돼서, '여성 대표가 굳이 할 수 있을까?' 하는 반응이 돌아오곤 했다. 그러다 보니 주변에서는 "남자들도 버거운 업종인데 여자라서 더 힘들지 않겠어?", "결혼·임신·출산 때문에 사업을 오래 못 이어갈 거야"라는 말을 서슴없이 던졌다. 한 마디 한 마디가 무시당하는 느낌이라 마음이 몹시 아팠다. 하지만 역설적으로, 그런 시선 때문에 더 강한 결심이 생겼다. 누군가 "여자가 이걸 어떻게 하냐"라고 하면, 나는 오히려 그걸 트레이닝 기회로 삼고 악착같이 달려들었다.

사업 초기에는 아기를 낳기 전날까지 출근했고, 출산 직후에도 전화 업무와 회의에 복귀했다. 누군가 "여자라서 일이 끊긴다, 임신·출산하면 사업이 끝난다"고 말하는 게 너무 싫었기 때문이다. "여자라서 못 한다고? 그러면 내가 증명해보이겠다"는 마음으로, 도리어 더 열심히 뛰었다. 그때 7년 가까이는 회사-집-운동만 반복하며 지냈다. 다른 사교 활동이나 여유로운 시간을 거의 두지 않고, 남성 CEO들이 1의 노력을 한다면 나는 2, 3배 더 해야 겨우 같은 선에 선다고 생각했다.

> **"어떤 이들은 '여성 대표라 멋지시네요'라고 말했지만, 뒤돌아선 곳에선 '곧 결혼·출산하면 그만두겠지'라며 날 평가했다. 그런 이중적 시선이 더 독하게 나를 몰아붙였다."**

처음에는 이런 차별적 태도에 예민하게 반응하고, 감정의 소모도 많았다. 마음속으로 분노가 치밀 때도 있었고, 울컥하는 순간도 많았다. 그런데 시간이 흐르면서 깨달았다. "그럴 거면 아예 이 상황을 역이용하자." 누군가 "여성이라서 불리하지 않아?"라고 하면 "그래서 내가 더 꼼꼼하고 성실하잖아요"라고 받아치고, "육아 때문에 일 못하는 거 아니냐?"라는 질문엔 "출산 후에도 바로 복귀해 본 경험이 있다"고 적극 어필했다. 남성 중심인 프로그램이나 모임이 있을 땐 '내가 들어갈 틈이 없다'며 주저앉기보다, 다른 방법으로 네트워크를 쌓거나 "함께할 수 있는 방안"을 내가 먼저 제안했다.

세상이 완전히 평등해졌다고 말하긴 아직 이르다. 어떤 남성 대표들은 날 무시하거나, 겉으로는 예뻐해주는 척하면서도 중요한 의사결정 자리엔 나를 배제하기도 한다. 그렇지만 이제 나는 그런 차별을 인정하되, "이걸 어떻게 뒤집어 나에게 이득을 만들까?"라는 쪽으로 생각을 전환한다. 내 경험상, 여성이라서 무시받았던 순간들 덕분에 더욱 끈질기게 견딜 수 있는 힘이 생겼고, 오히려 고객에게 더 공감하는 방식이나 섬세한 조직 관리를 해낼 수 있었다고 본다.

> **"'여자니까 약하다'고 말하는 것에 화만 낼 수도 있었지만,**
> **오히려 여성 특유의 섬세함, 소통 능력을 무기로 내세웠다."**

나는 "이게 남녀 문제를 넘어, 사업에서 결국 성패를 가르는 건 노력과 태도 아니냐"고 믿는다. 사실 지금도 운동 프로그램이 남성 중심으로만 짜여 있으면 살짝 쓴웃음을 짓긴 하지만, "어차피 내 갈 길은 내가 간다"는 생각으로 꾸준히 달린다. 때로는 내가 먼저 새로운 프로그램을 제안하며 남성·여성 모두가 즐길 수 있는 모임을 만들어보기도 한다. 결국 '여자라서 안 된다'라는 고정관념을 무너뜨리는 건, 그 분야에서 실제로 성과와 결과물을 내는 것 외엔 방법이 없었다.

그리고 시간이 지나면 알게 된다. 한때 "여자가 이 업종을 어떻게 해?"라고 묻던 이들이, 내가 차근차근 일을 해내고 인정받을 때마다 슬며시 태도를 바꾼다. 그래서 나는 오늘도 "여성 대표라서 더 대단한 게 아니라, 대표로서 당연히 해낼

일을 해왔을 뿐"이라고 말하며 다음 단계로 계속 나아간다. 차별이 없다고 말하긴 어렵지만, 어쩌면 그 차별이 나에게 더 단단한 껍질을 선물했고, 경영자로서의 내 색깔을 확실히 갖추게 해주었다고 생각한다.

저자가 주는 KEY POINT TIP

1. 예민하게 대응하기보다 '역이용'하기
- 차별과 선입견을 일일이 감정으로 받으면 내 에너지만 소모된다.
- "그렇기 때문에 내가 더 성실하다" 등으로 오히려 장점을 부각하자.

2. 여성이라서 오히려 유리한 부분 찾기
- 고객과 공감하는 능력, 섬세한 조직 문화 관리 등은 강력한 무기가 될 수 있다.
- 한 발 더 나가, "남성 중심의 틈새"를 새로운 시도나 제안으로 채워보자.

3. 임신·출산·육아 중에도 업무 연결 고리를 끊지 말자
- 힘든 시기일수록 더욱 악착같이 복귀하고, 편견을 뒤집는 사례를 만들면 주변의 인식이 자연스레 바뀐다.

4. 모임·운동·네트워크는 '나만의 방식'으로 확장하기
- 남성 중심 자리에 무조건 맞추기 힘들다면, 다른 방법으로 네트워킹하거나 내가 먼저 새로운 프로그램을 제안해보자.

5. 결국 성패를 가르는 건 '노력과 태도'
- 여성 대표라서 힘든 점은 분명 존재하지만, 꾸준한 노력과 결과로 인정받으면 편견도 점차 사라진다.
- "여자라서 약하다"는 말에 휘둘리기보다는, 더 큰 끈질김으로 돌파해나가자.

"어두울수록 별이 빛난다.
위기를 기회로 바꾸는 것이
진짜 리더십이다."

나폴레옹 힐 (Napoleon Hill)

PART 5

지속 가능한 성장

- 흔들리지 않는 리더의 원칙

꾸준함과 원칙을 지킨 사람들이 결국 승리한다

한 우물을 파야 정상에 오른다

: 끝까지 버티는 힘 :

매일 새벽 일찍 일어나 책을 펼치고, 하루에 2~3시간씩 걷기를 실천하는 사람이 있다. 15년 넘게. 업계에서 1,2위 다투는 성과를 내며 이미 정상급 지위를 확보한 L대표는, 이러한 성공에도 불구하고 언제나 조용하고 차분한 태도로 자신의 일과를 반복한다. 아침마다 책을 읽고, 일정 시간 걸으면서 머릿속 생각을 정리한 다음에야 본격적으로 하루를 시작한다는 것이다.

보통 바쁜 경영자의 일상은 "너무 바빠서"라는 이유로 불규칙해지기 쉽다. 그러나 L대표에게는 예외가 없다. 독서 시간에는 독서에만 몰입하고, 걷기 시간에는 스마트폰이나 다른 방해 요소를 철저히 배제한다. 이처럼 일상적 루틴을 지키는 모습이 얼핏 단조로워 보일 수도 있지만, 실제로는 그 누구보다 부지런하고 깊이 있게 실행한다. 그 결과 몸과 마음 모두 건강을 유지하며, 동시에 업무에서도 흔들림 없는 집중력을 발휘할 수 있게 된다.

L대표가 이러한 습관을 시작하게 된 계기는 대학교 때부터 하루 일정이 시작하기 전, 짧게라도 책을 읽고 사색하는 습관을 들인 것이 지금까지 이어졌다. L회사에서 종업후 직장생활을 할 당시에도 새벽마다 공원에서 빠짐없이 걷곤 했다. 그는 "한두 달 해보고 끝냈다면 아무런 의미가 없었을 것"이라고 말하며, "최소 몇 년은 지속해야 진짜 습관이 된다"고 강조한다.

덕분에 현재 L대표는 다른 경영자와 달리 피로를 호소하거나 멘탈 관리에 어려움을 겪는 일이 거의 없다. 매일의 독서는 지식을 넓히고 사고력을 키워주며, 걷기는 몸과 마음의 긴장을 풀어주는 동시에 체력을 강화해준다. 이처럼 기본적인 루틴이 잘 갖춰지니, 회사 운영은 물론 직원 관리에서도 여유를 갖고 일관성 있게 대처할 수 있다. 어떤 문제가 생겨도 당황하거나 즉흥적으로 대처하기보다, 차분하게 원인을 분석하고 해결책을 모색하는 편이다.

L대표의 꾸준함은 인간관계에서도 드러난다. 업계에서 성공한 투자자나 높은 지위의 인사가 찾아오면 극진히 대하면서, 반대로 규모가 작은 스타트업 창업자나 사회 초년생에게는 불성실하게 대하는 일부 경영자들의 모습과 달리, L대표에게는 전혀 그런 '갑질'이나 '편견'이 없다. 누구를 만나든 상대방의 이야기를 먼저 들어주고, 필요하면 자신이 가진 정보나 노하우를 아낌없이 공유한다.

그래서 처음 L대표를 만나는 사람들은 "이렇게 유명한 분이 이렇게 소탈하다고?"라며 놀라곤 한다. 하지만 조금만 지켜보면, 이 모습이 결코 일회성이 아님을 알게 된다. 10년 넘게 협력해온 동료나 이제 막 창업을 시작한 젊은 대표에게도 늘 친절하고 겸손하다. 업계 사람들이 "L대표를 한 번 만나면 그 인연이 오래간다"라고 입을 모아 칭찬하는 이유가 바로 이 꾸준한 태도에서 비롯된다.

L대표는 업계 최고 수준의 위치를 차지하고 있음에도, 늘 배우는 자세를 잃지 않는다. 그는 "어떤 분야든 내가 모르는 것이 훨씬 많다. 비록 경험은 적어도, 누구나 자신만의 강점을 지니고 있기 때문에 경청을 통해 배울 점을 찾으려 한다"고 말한다. 이러한 태도 덕분에 수많은 협업 기회가 생기고,

새롭게 떠오르는 아이디어나 인재가 자연스럽게 그에게 몰린다. 그는 늘 강조한다. "결국 성과가 내 위치를 올려주는 게 아니라, 사람과의 관계가 열쇠다." 실제로 그의 주변에는 한 번 함께 일했던 사람들이 다시금 기회를 만들어 찾아오는 사례가 빈번하다. L대표가 이끌고 있는 회사가 꾸준히 성장할 수 있었던 배경에는 이러한 '관계의 힘'이 자리 잡고 있는 셈이다.

무엇보다 인상 깊은 점은, L대표가 오랜 기간 변함없이 유지해온 독서와 걷기 습관이다. 회사를 어느 정도 키우고 안정 궤도에 올려놓은 후에는, 대부분의 경영자들이 바쁜 일정을 핑계로 기본적인 자기 관리를 놓기 십상이다. 그러나 L대표는 오히려 더 철저하게 습관을 지킨다. 그는 "이 습관들이야말로 나를 단련시키고 실수를 줄여준다"고 말한다. 때때로 직원들이 "대표님, 이제는 좀 쉬셔도 되지 않을까요?"라고 말해도, "이것이 나에게 주는 최고의 휴식이자 투자"라며 미소로 답한다.

이러한 그의 모습을 지켜보면 '나는 CEO 자리에 올라서도 이렇게 한결같을 수 있을까?'라는 생각이 절로 든다. 혹여 조금 자리가 높아졌다고 해서 제멋대로 굴지는 않을지, 바쁜 일정을 이유로 정작 자기 자신을 단련하는 습관을 소홀히 하지 않을지 말이다. L대표의 행보는 "좋은 루틴과 한결같은 마음가짐이야말로 최고의 경쟁력"임을 몸소 보여준다. 업계 정상의 자리에 오르는 것도, 그리고 그 자리를 유지하며 타인에게 꾸준히 도움을 주는 것도 사실은 한결같은 습관과 태도가 만들어낸 결과가 아닐까.

저자가 주는 KEY POINT TIP

1. 루틴이 곧 경쟁력이다
매일 아침 책 읽기와 일정 시간 걷기는 겉보기엔 단순해 보이지만, 쌓이고 쌓여 의지(Willpower)와 체력(Physical Fitness)을 단련한다. 최고를 유지하는 이들 곁에는 언제나 꾸준하고 확고한 습관이 자리한다.

2. 편견 없이 모두에게 친절하자
지위나 규모, 나이가 다르다고 무시하거나 갑질하는 일을 심심찮게 볼 수 있지만, L대표처럼 누구에게든 귀 기울이는 태도가 장기적으로 큰 신뢰(Trust)를 만든다.

3. 오랜 시간을 버티면 '꾸준함'이 답한다
흔히 말하듯, 몇 달이 아니라 10년 이상을 '같은 모습'으로 지켜온 사람이 큰 업적(Achievement)을 남긴다. 사업도 마찬가지다. 당장의 유행(Trend)보다는 흔들리지 않는 루틴에 집중해보자.

새벽이 나를 만든다

: 하루를 먼저 시작하는 사람들이 얻는 것 :

이른 새벽 6시에 시작하는 조찬 모임이라고 하면, 보통 사람들은 부담감부터 느낀다. 아무리 부지런해도 어쩌다 한 번 참석하기도 쉽지 않은데, L대표는 스무 살 무렵부터 이 모임을 변함없이 지켜왔다. 그리고 언젠가부터는 늘 가장 먼저 회의 장소에 도착해 문을 열어주는 '새벽의 파수꾼'처럼 자리 잡았다. 여유 있게 도착한 자리에서 그는 책을 펴놓거나 그날의 일정을 정리하는 모습이 눈에 띄는데, 함께 모임을 시작하는 사람들은 그를 보며 "저 꾸준함은 어디서 나오는 걸까?" 하고 감탄하곤 한다.

한편으로 사람들은 L대표를 "아침형 인간"이라고 말하지만, 정작 그의 일상은 단순한 아침형 패턴에 국한되지 않는다. 주변 사람들은 CEO로서 바쁜 일정을 소화하다 보면, 어느 정도 안정된 시기에는 자연스레 루틴이 흐트러지거나 안주하기 마련이라고 말한다. 그러나 L대표는 다르다. 책 읽기를 멈추지 않고, 오히려 시간이 날 때면 강의를 진행하거나 직접 책을 쓰는 등 "지치지 않는 학습"을 이어간다. 이러한 왕성한 에너지와 지식에 대한 열정을 주변에서 부러워할 법도 하지만, 정작 본인은 "이건 당연한 루틴일 뿐"이라며 담담히 넘긴다.

재밌는 사실은, 새벽 모임이 이렇게 오래되면 보통 회원들끼리 서서히 친해져 호칭을 편하게 바꾸거나 별명으로 부르게 된다. 하지만 L대표는 처음부터 지금까지 누구에게나 존댓말을 고수하고, 상대의 직함을 공손하게 부른다. 다른 이들이 "오랜 지인이니 좀 편하게 불러도 되지 않겠느냐"고 묻기도 했지만, 그는 "내가 지켜야 할 태도"라는 이유로 그 제안을 늘 정중히 거절한다. 그 태도를 오래 지켜온 덕분에, 많은 회원들은 오히려 "L대표는 한결같아서 더 믿음이 간다"고 얘기한다. 대부분 사람은 시간이 흐르면서 편해지거나 안일해져서 초심을 잃기 쉬운데, 그는 전혀 흔들림 없는 모습으로 일관해온 것이다.

일부 CEO들은 성공을 거두면 과거의 자신을 잊고 과시적인 태도를 보이기도 한다. 그러나 L대표는 작은 성공 하나하나를 자랑하기보다는, 책을 쓰거나 강연을 통해 경험을 '함께 나누는' 쪽을 선택한다. 실제로 그의 강연 자리에 가보면, 대단한 성취담보다는 실수나 시행착오를 솔직히 고백하고, 자신이 얻은 교훈을 다른 사람에게도 전하고자 애쓰는 편이다. 주변 사람들은 "그렇게까지 다 공개하면, 본인의 이미지만 손해 보는 것 아니냐"고 걱정하기도 하지만, 그는 "애초에 내 노하우와 지식은 함께 성장하기 위한 재료일 뿐"이라고 말할 뿐이다. 그래서인지 사람들은 L대표의 결과물보다 '그 과정'을 더 존경하게 된다. 지식이나 경험을 과시하기보다, 그걸 통해 다른 이들이 자신만의 가능성을 펼칠 수 있도록 돕는 게 그의 모토다.

새벽 모임에서도 마찬가지다. 누가 먼저 자리 잡고 앉아 있나 보려 해도, L대표는 으레 가장 먼저 나타나 있다. 뒷자리 구석에 조용히 앉아 책을 읽는 그는, 타인이 도착하면 자리에서 일어나 반갑게 맞이한다. 결코 "내가 이 모임에서 오래되었으니" 하는 식의 우월감을 보이지 않고, 오히려 신입 회원에게 먼저 다가가 인사하는 편이다. 하루 일정도 바쁠 텐데 이렇게 일찍 오느라 힘들지 않냐고 물으면, "남들보다 조금 더 일찍 움직여서 얻는 시간이 이렇게나 많은데, 내가 오히려 감사하죠"라며 웃는다.

그렇게 충실한 루틴과 한결같은 태도를 유지하다 보니, 그의 삶은 눈에 보이는 외형적 성공만으로 평가하기 어렵다. "자기가 가진 지식을 남에게 가르치는 것이 아니라, 거울처럼 비춰주고 동기를 부여한다"는 평가를 받을 정도로, 그는 진정한 의미의 '겸손의 힘'을 실천하고 있다. 이를 잘 보여주는 예시가, 모임에서 대표를 보는 후배나 동료들의 반응이다. 이들은 입을 모아 말한다. "L대표를 보면 지식도 참 대단하지만, 무엇보다 사람을 존중하는 태도가 변함없이 이어지는 게 놀랍다. 누군가 10년 넘게 그렇게 꾸준하기 쉽지 않다." 결국 그는 '지식'과 '겸손'이라는 양날개를 날개치듯 펼쳐왔고, 그것이 세월이 흐를수록 더 공고해져서 하나의 인격이 되었다.

한편으로 L대표 자신은 "이게 대단한 일이냐"라고 되묻는다. 스무 살 무렵부터 새벽 모임에 참석한 것도, 그저 인생의 선배들에게 배울 기회가 많았다는 데 감사하며 계속 다녔을 뿐이고, 책을 쓰고 강연을 하는 것도 "조금 더 많은 사람과 나누고 싶다"는 마음에서 출발했을 뿐이라고 말한다. 성과를 내도 특별히 내세우지 않고, 모임 사람들끼리 어려움이 있어도 "제가 아는 한도에서는 어떻게든 돕고 싶다"는 태도로 일관한다. 그렇게 쌓인 신뢰가 그의 사업에도 영향을 주어, 일을 함께하는 파트너사나 협력자들은 "L대표와 일하면 적어도 날개 없는 추락은 없을 거라는 안도감이 생긴다"고 한다.

물론 이 모든 것이 하루아침에 달성된 건 아니다. 그 역시 모임마다 꾸준히 출석하고, 매일 새벽을 열기 위해 자신만의 루틴을 체계적으로 지켰다. 또 배운 것은 곧장 실천에 옮기고, 필요하면 책이나 자료로 정리하여 누군가가 원할 때 언제든 전달하도록 준비했다. 그래서 주변 사람들은 열정의 지속력과 겸손의 밸런스를 모두 유지하기가 얼마나 어려운지 알기에, L대표를 '쉽지 않은 사람'이라 칭한다. 사실 그 말 속에는 "왜 나는 못할까"라는 부러운 시선이 깔려 있다.

하지만 당사자는 "오히려 특별한 건 없다. 아침 일찍 일어나고 책을 읽는 게 전부"라며 실천만이 답이라고 강조한다. 과연 L대표의 이런 태도가 남들에게 시사하는 바는 무엇일까? 아마도 그가 이룬 성공은 지식에서만 비롯된 것이 아니라, 시종일관 이어온 예의와 꾸준함이 더해져 나타난 결과라는 점일 것이다. 모임 회원들이 입을 모아 말하듯이, "어디서든 한결같은 사람에게는 신뢰가 쌓일 수밖에 없다." 지금도 그는 새벽 모임을 준비하며 책을 읽고, 이따금 동료들에게 책 한 권씩 선물하면서 "함께 성장하자"는 말을 남긴다. 아마 이 모습 또한 훗날까지 변하지 않을 것이다.

저자가 주는 KEY POINT TIP

1. 시작이 빠르면 더 많은 시간을 얻는다
6시에 시작하는 모임은 쉽지 않지만, L 대표처럼 새벽부터 움직이면 학습과 자기 관리를 위한 여유가 커진다.

2. 오랜 시간 함께해도 예의를 지켜라
처음 만났을 때나 10년 뒤나, 상대방을 존중하는 언어와 태도는 곧 인격의 신뢰로 이어진다.

3. 자랑보다 공유, 자기 과시보다 내면의 단단함
성취가 있어도 요란하게 알리는 대신, 책과 강연을 통해 나누는 모습을 보이면 더 큰 존경과 신뢰를 불러온다.

칭찬도
전략적으로 해야 한다

: 고객을 사로잡는 감성 경영 :

메이크업이나 헤어, 네일과 같은 뷰티 업종에서는 하루에도 수십 명의 고객을 만난다. 그렇다 보니 언제나 미소를 유지하고 "오늘은 제가 더 예쁘게 해드릴게요" 정도의 간단한 말로 응대해도 큰 문제는 없을 듯 보인다. 손님들도 '뷰티샵에 오면 당연히 듣는 말'쯤으로 받아들이기 십상이다. 그러나 L대표는 완전히 다른 태도를 보여준다. 그녀에게는 "뭐든 열심히 하자" 수준이 아닌, 고객의 작은 변화까지 놓치지 않는 디테일과 진심 어린 칭찬이 몸에 밴 습관처럼 자리해 있다.

처음 만나는 고객이라도 L대표는 "오늘 컨디션 좋아 보이시네요"라고 뭉뚱그려 말하기보다, "안경을 바꾸셨네요, 인상에 딱 맞아요!"라거나 "머리 조금 자르셨죠? 훨씬 경쾌한 이미지가 사네요!"라는 식으로 구체적인 변화를 짚어준다. 별것 아닌 차이처럼 보이지만, 손님 입장에서는 "이 사람이 나를 대충 보지 않는구나"라는 안도감과 호감을 느낀다. 적당히 "예쁘시네요"라고 흘려 들을 수도 있는 칭찬과 달리, 이 한마디에는 고객의 얼굴이나 스타일링을 진지하게 관찰한 흔적이 분명하다. 그래서 그 작은 말 한마디가 전하는 무게가 의외로 크다.

물론 이런 디테일은 하루아침에 생긴 습관이 아니다. L대표는 원래부터 '사람에 대한 관심과 애정'을 많이 표현하는 성격이었다. 실내에 들어서는 순간부터 고객이 착용한 액세서리, 헤어 변화, 어울리는 색감 등을 세심히 보고, 재빠르게 기억한다. 그리고 그걸 바탕으로 살짝씩 대화를 이끌어낸다. "오늘 새로 착용한 이어링, 톤이 피부와 너무 잘 맞아요" 같은 말은 그녀에게는 한 번에 떠오르는 감상일지 몰라도, 듣는 사람은 "정말 미묘한 디테일까지 보아주는구나" 하고 놀라게 된다. 누구나 예의를 차리며 "와, 오늘 예쁘세요"라고 형식적으로 말할 수는 있지만, 구체성이 빠진 칭찬은 금세 공허하게 느껴진다. L대표의 말에는 그런 공허함이 없다. '어쩌면 자세히 안 보면 놓칠 수도 있었을 텐데, 이 대표가 진짜 나를 신경 쓰고 있구나'라는 감동이 자연스레 따라온다.

이렇듯 L대표의 섬세함은 고객의 마음을 한층 편하게 만들면서도, 매장에 대한 신뢰까지 끌어올린다. 뷰티 업종에서는 화장 기법이나 제품 추천, 혹은 헤어와 메이크업의 조합 등 다양한 전문 지식이 중요하다. 하지만 그 전문성을 매끄럽게 전달하려면, 고객이 마음의 문을 어느 정도 열어야 한다. "오늘은 어디를 어떻게 고칠까요?"라고 딱딱하게 묻는 대신, "새로운 안경이 이미지에 잘 녹아드는데, 여기엔 조금 밝은 톤을 써보면 어떨까요?"라는 식의 접근은 훨씬 자연스럽다. 고객이 경계심을 푸는 순간, 본인이 원하는 메이크업 방향이나 고민을 솔직하게 꺼내놓기에, 그만큼 만족스러운 결과도 쉽게 만들어진다.

그러나 L대표의 길이 늘 순조롭기만 했던 건 아니다. 뷰티 업계는 경쟁이 치열하며, 동시에 고객들의 요구도 상당히 높은 편이다. 섬세함이 무기이지만, 때론 너무 많은 요구사항이나 까다로운 조건 속에서 스트레스가 폭발할 수도 있다. 예를 들어 신부 메이크업을 하는데 드레스와 맞추느라 계속 수정하고, 지인들의 조언까지 겹쳐서 한 시간 넘게 한 자리에 앉아 의견을 조율해야 하는 일도 비일비재하다. 이 과정에서 말

한마디가 잘못 전달되면, "대표가 귀찮아하나 봐"라거나 "별로 신경 안 쓰고 있네"라는 오해가 생긴다. 그런 악순환을 막기 위해, 그녀는 오히려 "사소한 부분까지 다 들어보자"는 마음으로 시간을 더 들이고, 심지어 본인의 의견이 맞다고 생각해도 굳이 밀어붙이지 않는다. "'아, 이건 진짜 안 어울린다' 싶을 때는 정중하게 설명하되, 상대가 다른 이유로 고집한다면 그 사람이 가장 만족스러운 방식이 뭔지 다시 고민해본다"라는 게 L대표의 신념이다.

특히 여성 대표로서의 어려움도 있었다. 뷰티나 메이크업 업종을 운영하는 여성 대표는 겉보기엔 자유롭고 화려하게 보이지만, 실제론 매장 운영부터 스케줄 관리, 직원 트레이닝, 원장 본인의 스타일 유지 등 모든 면에서 만만치 않은 부담이 따른다. 게다가 고객과 지속적으로 1 대 1로 맞닥뜨리기에, 감정 노동이 쌓일 때도 많다. 그런 상황에서 L대표가 "순수함을 잃지 않겠다"고 다짐한 건, 아이러니하게도 본인이 어려운 순간을 많이 겪어봤기 때문이다. "계속 포기하고 싶을 때마다, 그래도 처음 시작할 때의 설렘이나 고객에게서 받은 작은 칭찬을 다시 떠올리면 의욕이 살아났다"라는 말처럼, 그녀는 초심을 잃지 않으려 애쓴다.

실제로 오래 다니는 단골들 중에는 "여기 대표님은 돈을 벌기 위해 칭찬하는 게 아니라, 순수하게 고객의 숨어있는 아름다움을 찾아내는 사람 같다"고 입을 모은다. 이는 결코 과장이 아니다. 곰곰이 살펴보면, L대표가 뿌리는 칭찬들은 '너무 기본적이거나 식상한 말'이 아닌, 진짜로 상대방을 관찰하고 존중하는 데서 나온다. 직원들도 그 분위기에 영향을 받아 "오늘 고객님, 저번에 색상을 살짝 바꾸셨는데 그게 아주 잘 어울린다"라며 자연스레 대화를 이어간다. 이렇게 사소한 것처럼 보이는 말들이 쌓여, 매장은 늘 따뜻한 기운이 감돌고 재방문률도 높아진다.

결국, L대표의 사례는 "칭찬과 디테일이 만들어내는 아름다움"이라는 말이 전혀 과하지 않음을 보여준다. 뷰티 업종이든 다른 서비스직이든, 습관적으로 내뱉는 말과 진심으로 상대를 감탄하게 하는 말 사이에는 분명한 온도 차가 있다. 한 사람이 가진 작고 사소한 변화, 예컨대 안경의 프레임이나 헤어 끝 모양의 미묘한 변화를 진정성 있게 잡아주면, 그 사람 또한 진심으로 존중받고 있다는 사실을 피부로 느낀다. "오늘 정말 달라 보인다"는 말 대신, "새로 장만하신 이어링이 분위기를 한층 산뜻하게 해주는 것 같다"라고 말할 수 있는 섬세함이야말로, 흔한 서비스와는 전혀 다른 감동을 만든다.

저자가 주는 KEY POINT TIP

1. 칭찬할 땐 디테일을 놓치지 말자
"오늘 어딘가 달라 보이는데?"보다 "안경 바꾸셨네요, 엄청 잘 어울려요!"처럼 구체적으로 말하면 상대가 진심을 느낀다.

2. 형식적인 말은 금방 드러난다
"예쁘시네요" "멋있으세요" 같은 얕은 칭찬보다, 상대의 변화를 귀 기울여 찾아내면 훨씬 진정성이 묻어난다.

3. 서비스업도 '순수함'을 지키면 오래간다
고객 응대가 늘 반복돼도 진심어린 태도와 긍정의 마음가짐을 잃지 않으면, 어렵고 치열한 업계에서도 믿음과 재방문을 얻는다.

"작은 차이가
큰 결과를 만든다."

찰스 다윈 (Charles Darwin)

가장 쉬운 성공법칙
인사를 잘하라

: 기본기가 만든 리더십 :

　나는 "인사를 잘하자"라는 말이 결코 어린아이 수준의 덕목이 아니라고 늘 느낀다. 오프라인 모임에서 단 몇 분 만에 여러 사람과 스쳐 지나가듯 만나게 되면, 사람마다 상황과 맥락이 다르고, 각자의 이슈도 다르다. 그때 단순히 "안녕하세요" 한 마디만으론 부족할 때가 많다. 상대방의 회사나 근황을 조금이라도 알고 있어야, "요즘 프로젝트는 잘 진행되세요?"라든지, "지난번 힘드셨다고 했는데 좀 나아지셨어요?" 같은 말을 건넬 수 있기 때문이다. 그러려면 사전에 정보를 챙기고, 지난 대화까지 기억해야 하는데, 이게 결코 쉽지 않다. 그럼에도 불구하고 이런 '상황과 맥락 이해하기'가 인사의 핵심이라고 생각한다. 그냥 "반갑습니다" 한마디로 끝내기엔, 인사가 너무 아쉬운 도구가 되지 않겠나.

나는 그래서 평소에 상대방의 취미나 관심사를 최대한 파악해두려고 노력한다. 경영자들끼리 모이면 흔히 "골프가 안 되면 비즈니스도 어렵다"는 말을 하는데, 사실 꼭 골프뿐 아니라 운동이나 문화생활 전반에서 어느 정도 직접 경험을 해봐야 이야기가 깊어진다는 걸 절감한다. 골프든 테니스든, 크로스핏이든 수영이든, 전문가 수준은 아니어도 최소한 레슨을 받아보거나 시도라도 해봐야, 상대가 "요즘 테니스에 푹 빠졌다"고 말했을 때 내가 "아, 그래요?"로 끝내지 않고, "저도 얼마 전에 해봤는데 정말 어렵더라고요"라는 대답을 해줄 수 있다. 그 순간부터 대화의 폭이 훨씬 풍성해진다. 결국 실전에서 부딪쳐봐야 생기는 이야기들이 있고, 바로 그것이 '진짜 대화'를 가능케 해준다고 느낀다.

"일을 놀이처럼 하라"는 말을 내가 좋아하는 이유도 여기에 있다. 사업이든 취미든, 스스로 즐거워야 오래 하고 깊이 파고들 수 있다. 그래서 가능한 한 많은 운동과 문화생활을 시도해본다. 처음에 겁이 나도, 막상 부딪쳐보면 뭔가 하나라도 얻는다. 못해도 괜찮다. 오히려 "저는 이건 정말 안되더라고요"라는 이야기가 상대와 나 사이를 이어주는 계기가 되기도 한다. 이렇게 경험 폭이 넓어질수록, 여러 분야의 CEO와도 편안하게 대화할 수 있고, 인간적인 교류 역시 훨씬 자연스러워진다.

> **'못해도 괜찮다'는 생각으로 부딪쳐보니,**
> **오히려 못하는 순간들이 새로운 만남의 입구가 되어주더라."**

결국 인사는 단순한 예의범절을 넘어, 상대의 맥락과 관심사를 함께 담아야 한다고 믿는다. 그 기저에는 '경험'이 받쳐주어야 한다. 나 스스로 다양한 활동을 해 봐야, 자연스럽게 이야기를 펼칠 거리도 생기고, "이 사람이 나랑 잘 통하네"라는 느낌을 서로가 받을 수 있다. CEO 자리에 올라갈수록 인사하기가 더 어렵다고 하지만, 그래서 더 의식적으로 챙겨야 한다고 생각한다. "인사만 잘해도 반 이상은 간다"는 말이 괜히 나온 게 아닌 것 같다.

저자가 주는 KEY POINT TIP

1. 인사는 "안녕하세요"만으론 부족하다
상대의 근황이나 맥락을 조금이라도 파악해야 깊은 대화를 시작할 수 있다. 작은 정보라도 미리 알고 있다면, 간단한 질문 한마디로도 강렬한 인상을 줄 수 있다.

2. 다양한 취미·문화생활, 일단 직접 부딪쳐보기
전문가 수준을 목표로 하기보다, 실제로 체험해 봐야 이야기의 폭이 넓어진다. 못해도 괜찮다. 실패담 역시 공감대 형성의 좋은 소재다.

3. "일을 놀이처럼, 놀이도 일처럼"
즐기며 배우다 보면 두려움이 줄고, 자연스럽게 대화의 기반이 확장된다. 경험이 쌓일수록 타인과 나누는 공감의 깊이가 달라진다.

4. 못해도 좋다, 오히려 그게 대화 소재가 된다
"저는 이게 정말 어렵더라"라는 한마디가 상대의 경험을 끌어내고, 그 공감에서부터 비즈니스와 인간관계가 한층 부드럽게 이어진다.

5. CEO일수록 인사가 더 중요하다
바쁘고 체면 때문에 놓치기 쉬운 게 '인사'다. 하지만 스스로 먼저 다가가고, 상대의 이야기를 챙겨주면 신뢰는 훨씬 단단해진다.

끝까지 버티는 사람이 승리한다

: 흔들리지 않는 경영자의 습관 :

나는 무언가를 17년, 8년, 혹은 9년씩 한결같이 유지해오면 사람들이 "대단한 끈기네요"라는 칭찬을 건네기도 한다. 하지만 실상은 지루하고 사소한 반복을 매일같이 견뎌내야 가능하다는 점을 간과하기 쉽다. 많은 사람이 중간에 "이제 그만둘까?" 또는 "다른 걸 해볼까?" 하는 유혹을 느끼지만, 나는 그 유혹을 이겨내는 과정에서 작은 승리들이 쌓인다고 믿는다.

'그냥 오늘도 하자'라는 마음으로 버틴 시간이

결국 자산이 되더라.

실제로 한결같은 반복에서 오는 '쌓임의 효과'는 생각보다 크다. 예컨대 블로그나 카페 마케팅을 할 때, 처음 1~2년은 회원 수도 적고 반응이 미비할 수밖에 없다. 그러나 5년, 10년 이상 꾸준히 운영하면 데이터가 쌓이고 충성 독자(고객)가 늘어나면서, 누가 봐도 "정말 대단한 성실함이구나" 하는 인정을 얻게 된다. 그때 비로소 "지루하고 힘든 과정에 답이 있었다"는 깨달음을 갖게 된다.

다만, 이렇게 꾸준함만으로는 부족할 때가 있다. 계속 반복하다 보면 나도 모르게 옛 패턴에 갇혀 새로운 흐름을 놓칠 위험이 있기 때문이다. 그래서 필요한 게 "정확히 파악하는 능력"이다. 스스로 무엇을 잘하고, 무엇을 못하는지 정확히 파악하고, 직원 각각의 장단점과 고객의 니즈까지 명확하게 들여다보는 습관이 없으면, 아무리 열심히 해도 시장 변화에 뒤처질 수 있다.

인정할 건 인정하고, 보완할 건 보완해야 오래 버틸 수 있다.

직원 관리에서도 마찬가지다. A직원은 꼼꼼하지만 속도가 느릴 수 있고, B직원은 폭발적인 추진력이 있지만 디테일이 부족할 수 있다. 이럴 때 "당신 디테일 좀 살려봐"라고 억지로 바꾸게 하는 대신, 서로 보완이 될 만한 사람을 매칭해 협업하게 만들면 업무 효율이 훨씬 높아진다. 이런 식으로 각자의 장단점을 파악해 중간에서 연결해주는 것이 CEO가 해야 할 중요한 역할이라고 생각한다.

고객관계에서도 "정확한 파악"은 핵심이다. 어떤 고객은 "빠른 개통"이 최우선이지만, 어떤 고객은 "안정"이나 "소통"을 더 중시한다. 그런데 고객 스스로도 처음엔 본인의 니즈를 명확히 말하지 않을 수 있다. 이럴 때 내가 먼저 질문하고, 그들의 말투·표정·행동을 관찰하며 "아, 이분은 짧은 시간 안에 결과를 원하시는구나" "이분은 꼼꼼한 설명이 필수겠구나"를 빠르게 캐치해 맞춤형 대처를 하는 게 중요하다.

결국, 지루한 반복과 날카로운 파악력이라는 두 축이 함께 굴러갈 때, 장기전에서도 승리할 수 있다. "끝까지, 한결같이"라는 고집만 있으면 언젠가 기회가 온다. 동시에 매일 조금씩 변하는 환경과 사람을 놓치지 않고 관찰하는 감각을 길러야 한다. 이 두 가지가 맞물릴 때, 우리는 비로소 장기적인 경쟁력과 유연성을 모두 갖추게 된다. 그게 내가 말하는 '끈기 + 정확한 파악'의 힘이다.

저자가 주는 KEY POINT TIP

1. 끝까지, 한결같이 하는 힘
- 지루해도 매일 반복하는 끈기는 결국 시장을 이긴다.
- 블로그·카페 마케팅 등 장기적 플랫폼을 구축할 때 특히 중요하다.

2. 자신을 파악하기
- 장단점을 솔직하게 인정하고, 보완책(메모·협업·툴 등)을 마련하자.
- 못하는 부분을 억지로 무시하지 말고, 다른 방식으로 보완할 길을 찾으면 된다.

3. 직원 관리: 서로의 단점을 보완하게 만들기
- 한 사람에게 모든 걸 요구하기보단, 상호 보완이 가능한 직원끼리 팀을 꾸려주자.
- CEO는 각자의 강점을 연결해주는 '조정자'가 되어야 한다.

4. 고객 니즈 파악: 먼저 질문하고 관찰하기
- 고객도 처음부터 자기 요구사항을 100% 말하지 않는 경우가 많다.
- 미세한 태도와 표정을 살피며, 속도·정확성·소통 중 어떤 부분을 중시하는지 파악하자.

5. 끈기 + 정확한 파악
- 단순 반복에만 치우치면 시장 변화에 뒤처지고, 감각만 믿으면 오래 버티기 어렵다.
- 장기적 끈기와 날카로운 관찰력이 어우러져야 진정한 성과로 이어진다.

하루를 새벽 5시에 시작하는 CEO들의 공통점

: 아침형 인간이 성공하는 이유 :

　새벽 6시에 시작하는 모임이라고 하면, 대부분은 편안한 차림으로 급히 달려오기 마련이다. 그러나 부동산 업계에서 활약 중인 S대표는 전혀 다른 풍경을 연출한다. 정확히 6개월간 새벽 모임의 회장을 맡으면서, 매번 메이크업을 받은 상태로 나타난 것이다. 얼핏 보면 단지 외형을 위한 선택처럼 보이지만, 사실 그 이면에는 "무슨 일이든 프로페셔널하게 임하겠다"는 다짐이 깊이 깔려 있다. 모임 구성원들은 처음에는 "아침 일찍부터 저렇게까지 준비하는 게 쉬울까?" 하고 놀라워했지만, 곧 S대표의 단단한 의지와 태도에 감탄하게 되었다고 한다.

　S대표가 늘 강조하는 바는 "여성 CEO에게 자기관리는 선

택이 아닌 필수"라는 것이다. 간혹 계약서를 작성하러 현장에 갈 때도, 그녀는 반드시 메이크업과 단정한 복장으로 임한다. 상대방에게 심리적인 신뢰감을 주는 효과를 노린 것도 있겠지만, 그보다는 "어떤 순간에도 스스로를 가꾸고 준비하는 사람"이라는 메시지를 전달하고 싶다는 이유가 더 크다. 실제로 그녀는 술자리 등 다음 날 피곤을 부를 만한 약속은 최대한 피하고, 틈이 날 때마다 운동이나 무용으로 체력을 유지한다. "당장에 바쁜 일정이 있더라도 몸과 마음을 챙겨야 오래 간다"는 신념을 가슴에 품고 있기 때문이다.

그렇다고 해서 그녀의 사무실이 차갑고 엄격하기만 하다고 생각하면 오산이다. 막상 방문해 보면, 가장 눈에 띄는 건 대표 본인과 직원들의 사진이 여기저기 걸려 있다는 점이다. 누군가는 "대표가 자기애가 강한 게 아닐까?"라고 짐작할 수 있지만, 정작 직원들은 "이것이 오히려 다 함께 묶이는 힘이 된다"고 말한다. S대표는 "내 자신도 너무 사랑스럽지 않느냐"고 농담을 던지기도 하는데, 그 한마디가 회사 분위기를 한층 밝게 만들어준다. 결국 이 사진들은 '나부터 아끼고, 우리 팀 모두를 자랑스러워한다'는 그녀의 생각을 시각화한 것이기도 하다.

이렇듯 S대표가 스스로를 사랑하고 가꾸는 태도는, 매일 새벽부터 열정을 다해 준비하는 모습으로 이어진다. 남들은 어쩔 수 없이 '헝클어진 머리'와 '최대한 편한 옷'을 선호할 법한 새벽 모임에조차, 그녀는 메이크업을 갖추고 환한 표정으로 등장한다. 물론 쉽지 않은 일이다. 잠을 조금 더 자고 싶은 유혹이 있을 때도, 피곤해서 한두 시간이라도 더 누워 있고 싶을 때도 있지만, "일단 일어나 내 상태를 최상으로 만들면, 하루를 기분 좋게 시작할 수 있다"라는 믿음이 그녀를 움직이게 한다.

주변 사람들도 S대표와 함께 있으면 자연스레 긍정 에너지를 얻는다고 말한다. 계약 현장에서든, 직원들과 티타임을 할 때든, 그녀는 자신이 지향하는 '프로다운 자세'를 놓치지 않는다. 흔히 작은 디테일로 치부되는 메이크업이나 복장, 테이블 매너 같은 것들도 사실은 고객에게는 은근한 신뢰를, 동료에게는 '우리 대표가 정말 자신과 회사를 소중히 대하는구나'라는 인상을 심어준다. 실제로 부동산 계약 시 상대방이 "괜스레 격식을 차려야겠다"고 느낀다는 이야기도 여러 번 있었다고 한다. 그녀는 이를 두고 "내가 먼저 날 반듯하게 보여주면, 상대방도 그 흐름에 맞추게 되는 것"이라며 웃는다.

이 회사 내부에서는 S대표의 '셀프 러브' 기조가 직원들에게도 널리 퍼져 있다. 본인이 좋아하는 관심사나 취미 활동을 함께 공유하고, 회사 차원에서 작은 이벤트도 종종 연다. 가령 직원들의 생일이면 스냅사진을 찍어 사무실 벽면에 걸어두고, 때로는 출장 행사에 같이 갈 기회가 생기면 단체 사진을 찍어 멋지게 코팅해 놓기도 한다. 이런 자발적인 움직임이 쌓여서, 서로가 서로를 인정하고 대견해하는 문화가 자리 잡는 셈이다. 어느새 이 공간에서 '나 자신을 빛나게 아끼는 마음'은 곧 '서로를 빛나게 해주는 힘'으로 확장되고 있다.

사실 꾸준한 자기관리와 당당한 태도가 한 번에 생기는 법은 없다. S대표가 말하는 비결은 "매일매일 스스로를 돌보는 작은 습관"이다. 새벽 모임이 있는 날은 미용실에 들러 메이크업을 받고, 일정이 빠듯하면 직접 빠르게 손을 보정하더라도 최소한의 준비는 거른 적이 없다. 운동 역시 한두 달만 반짝하지 않고, 여러 해 동안 조금씩이라도 이어간다. 피곤하더라도 무용 동작을 반복하고, 식단도 크게 무리하지 않는 선에서 건강을 지키려고 애쓴다. 이런 사소한 디테일들이 모여, 그녀 특유의 '탄탄한 자신감'을 완성한다는 것이다.

그리고 이런 믿음은 직원들과 만날 때, 고객 앞에서, 혹은 새벽 모임 참여자들과의 교류 속에서 더욱 빛난다. 첫인상부터 "피곤해 보이네"가 아니라 "준비된 느낌이구나"라는 인식을 주면, 상대방도 자연스레 호감을 갖기 쉽다. 그렇게 쌓인 호감은 업무에서도 긍정적 영향을 미치고, 회사 동료들에게도 "대표가 항상 빛나는 상태로 우리를 맞아주니, 우리도 함께 열심히 해보자"는 동기부여가 된다.

결국 S대표가 보여주는 건, "내가 나를 아끼지 않으면, 누구도 나를 아껴줄 수 없다"는 메시지다. 심지어 자신을 챙기는 모습이 때로는 가볍게 보일 수도 있지만, 그녀는 그런 인식을 두려워하지 않는다. 오히려 "나조차도 이렇게 멋지고 소중하다고 생각하는데, 우리 직원들은 얼마나 더 예쁘고 훌륭할까?"라는 식으로 주변까지 포근히 감싸안는다. 이러한 태도 덕분에, 회사는 더욱 화사해지고, 거래처나 고객들 역시 부동산 계약 같은 딱딱한 업무에도 긍정적인 감정을 느끼게 된다.

저자가 주는 KEY POINT TIP

1. 자기 자신을 가장 먼저 사랑하자

아무리 바쁘고 피곤해도 자신을 돌보는 습관이 있어야 자신감이 생긴다. 새벽 모임조차 메이크업을 받고 임하는 S 대표가 그 좋은 예다.

2. 프로페셔널한 마음가짐은 '작은 디테일'에서 시작

계약서를 작성할 때도 스스로 단정히 준비를 마치고 임하면, 상대방에게 미묘하지만 강력한 신뢰감을 준다.

3. "내가 빛나면 조직도 빛난다"

회사와 직원들의 사진을 곳곳에 게시하고, 그것을 자랑스러워하는 태도는 구성원의 결속을 높인다. CEO부터 자신을 아낄 때, 그 에너지가 팀 전반에 확산된다.

성공을 원한다면 먼저 건강을 지켜라

: 체력과 경영의 관계 :

 꾸준히 공부하고, 매일 짧은 글이나 명언을 기록하며, 내 주변 환경을 잘 정리해 긍정적 기운을 채우는 것. 그리고 누구에게나 친절하면서 적을 만들지 않는 태도—이것이 내가 매일 실천하려고 애쓰는 기본 원칙들이다. 처음에는 "이게 정말 도움이 될까?" 싶을 수도 있지만, 작은 것 하나하나가 쌓여 결국 나 자신의 성장을 이끌고, 사업에도 긍정적인 영향을 주게 되었다.

 나는 "책 읽을 시간이 부족하다"라는 핑계를 내세울 수 없도록, 아주 짧은 시간도 활용하는 습관을 들였다. 가령 화장실에 갈 때, 스마트폰으로 명언집을 넘겨본다든가, 짤막한 글귀를 눈으로 훑는다든가 하는 식이다. 사실 이 시간은 내가 온전히 집중할 수 있는 몇 분간의 휴식이기도 한데, 그 틈새에 좋은 글귀나 감동적인 문장을 만나는 순간 하루가 더 밝아진다.

> **"오늘도 괜찮아, 잘하고 있어."**
> **"더 늦기 전에, 지금 행동하라."**
> **"멀리가려면 함께 가라."**

이런 명언 하나하나를 캡처하거나 메모해두고, 마음에 꼭 새기려 한다. 순간의 짧은 글이지만, 의외로 진하게 내 마음에 들어오면 작은 습관과 태도를 바꾸는 계기가 되기도 한다. 예를 들어, "늦기 전에 지금 행동하라"는 말을 자꾸 보게 되면, 미루던 일을 조금씩이라도 먼저 처리하게 되고, 새로운 기회를 더 빨리 잡을 수 있다.

내가 '환경'에 상당히 민감하다는 걸 깨달은 이후, 의식적으로 내 주변 사람들을 정리하게 되었다. "내가 주로 어울리는 5명의 평균이 곧 나다"라는 말을 듣고는, 내게 좋은 에너지를 주고, 내가 배울 점이 있는 사람들에게 더 가까이 다가가려고 마음먹었다. 사실 예전에는 "그래도 오랜 인연이니 끊어내면 미안하잖아?"라며 계속 부정적인 에너지를 내뿜는 사람들과 어울리곤 했다. 하지만 결국 그 기운에 내가 잠식될 수도 있다는 걸 알게 됐다.

그래서 힘들어하는 사람이라면 도울 수 있는 선에서 돕되, 상습적으로 부정적인 말만 내뱉고 나를 소모시키는 사람이라면, 적당한 거리를 두는 게 상책이라고 결론지었다. 그렇게 공간을 확보하면, 오히려 내게 긍정적이고 자극을 주는 인연들이 조금씩 들어오기 시작한다.

"나는 기운이 중요하다.
좋은 기운을 주고받을 때, 사업도 더 건강하게 굴러가더라."

또 하나 중요한 건, 나 스스로도 "에너지를 주는 사람"이 되려 하는 마음가짐이다. 한쪽에서 받기만 하는 게 아니라, 내가 먼저 밝고 건강한 모습으로 이끄는 노력이 필요하다. 그래야 긍정의 순환이 이뤄질 수 있다.

사업을 해보니, 정말 한 사람도 적으로 만들면 안 된다는 걸 피부로 느낀다. 혹시 지난날엔 불의나 부당함을 보면 '바른 말'이라고 내뱉곤 했는데, 상대방에겐 그 말이 잔인하게 느껴질 수도 있더라. 나로서는 당연한 진실을 말한 것뿐이어도, 그 사람이 그 말에 상처를 입으면 결국 나와 척을 지게 될 수 있다.

> **"내가 이 사람과 다시 어떻게 얽히게 될지,
> 언제 어디서 만나게 될지 아무도 모른다."**

그래서 나는 상대가 누구든, 일단 친절하고 예의 바르게 대하려 노력한다. 물론, 다 똑같은 친밀도로 지낼 수는 없을 것이다. 사업상 이해관계가 깊을 수도, 혹은 스치는 인연일 수도 있다. 하지만 어떠한 경우에도 불필요한 적대감은 만들지 않으려 한다. 언제 어디서 어떤 모양으로 서로에게 도움이 될지 모르기 때문이다.

이렇게 다정하고 열린 태도로 지내되, "나의 모든 걸 공유할 수 있는 꼭 필요한 사람들은" 항상 옆에 두는 편이다. 내 치부까지도 보여줄 수 있고, 내가 위기 상황에 처했을 때 도움을 청할 수 있는 믿음직한 존재들. 그들이 있으면 내가 흔들릴 때도 마땅히 기댈 사람이 있다는 안도감이 생긴다.

저자가 주는 KEY POINT TIP

1. 짜투리 시간을 독서·명언으로 채우기
- 하루에 몇 분이라도 마음을 울리는 문장을 접하면, 의외로 생각과 습관이 달라질 수 있다.
- 캡처·메모 습관을 들여 좋은 글귀는 바로바로 기억해두고, 실천으로 옮길 마중물을 삼자.

2. 프로페셔널한 마음가짐은 '작은 디테일'에서 시작
- 힘든 사람을 무조건 멀리하라는 게 아니라, 상습적으로 부정적이고 나를 소모시키는 인연은 조정이 필요하다.
- 동시에, 내가 긍정적 에너지를 뿜는 사람으로 성장하면, 더 좋은 인연들이 다가온다.

3. 적을 만들지 않고 모두에게 친절하기
- 바른 말도, 상대가 상처를 받으면 의미가 퇴색된다. 언제, 어디서, 어떻게 다시 만날지 모르기에 누군가를 적으로 두지 말자.
- 누구든 기본적인 예의와 미소로 대하되, 깊이 의지할 몇 사람은 반드시 '찐 관계'로 곁에 두자.

4. "내가 빛나면 조직도 빛난다"
- '나의 모든 걸 공유할 수 있는 꼭 필요한 사람들'처럼, 고비 때 내 편이 되어줄 이들을 가까이 두면 마음의 안정을 얻을 수 있다. 이들에게서 받은 신뢰와 도움은, 다시금 내가 성장해 더 많은 사람에게 친절을 베풀 수 있는 기반이 된다.

PART 6

창의성과 혁신

- 변화를 주도하는 리더의 사고방식

틀을 깨야
새로운 시장이 보인다

틀을 깨야
새로운 시장이 보인다

: 혁신적인 경영 마인드의 힘 :

　인테리어 업계에서 SNS 마케팅을 전면에 내세우는 일은 한때 불가능하다는 인식이 강했다. 주택이나 상업공간 리모델링처럼 규모가 큰 계약은 오프라인의 발품과 대면 상담이 필수라는 고정관념이 있었기 때문이다. 그런데 J대표는 일찍부터 "결국 트렌드는 디지털 플랫폼에서 완성된다"라는 확신을 가지고 인스타그램에 과감히 투자했다. 주변에서 "SNS야 젊은 층이 가볍게 소통하는 곳이지, 수천만 원에서 수억 원까지 드는 공사를 누가 거기서 의뢰하겠냐"라는 회의적인 반응을 내놓았지만, 그를 가로막지 못했다. 오히려 J대표는 "기존의 틀에서만 생각해서는 차별화가 어렵다"라며, 스스로를 선구자라 칭하기보다 묵묵히 콘텐츠를 기획하고 올렸다. 그리고 그 판단은 불과 몇 년 만에 예상 밖의 결과를 만들어냈다.

사실 처음에는 그도 확신이 흔들릴 때가 있었다. 인테리어를 고민하던 고객이 SNS를 통해 상담을 받아도, 최종 계약 직전에는 결국 오프라인 사무실을 찾거나 다른 업체와 비교하는 경우가 잦았기 때문이다. 하지만 J대표는 "그렇다면 차라리 여기서 모든 정보를 한눈에 보여주고, 온라인 소통을 더 강화하면 어떨까?"라고 방향을 잡았다. 그래서 사진 한 장을 올릴 때도 전문가다운 구도와 조명을 세심하게 고려하고, 완성된 시공 결과물의 분위기와 디자인 철학을 글로 정성껏 담아냈다. 눈으로는 간단해 보이는 "사진 한 장, 글 몇 줄"이지만, 그 밑에는 시나리오 기획부터 촬영, 후보정, 업로드 후 고객 메시지 응대까지 매뉴얼처럼 작동하는 프로세스가 있었다. 밤낮없이 추진한 그 노력 덕분에 인스타그램은 '홍보용 SNS 계정'을 넘어, 매월 여러 건의 계약이 이뤄지는 영업 플랫폼으로 자리 잡았다.

놀라운 건, 이 같은 성과를 내면서도 J대표의 겉모습은 늘 여유롭고 우아해 보인다는 점이다. 주위 사람들은 "사업도 잘되고, SNS도 어떻게 저렇게 깔끔하게 운영하지?"라며 감탄하지만, 정작 본인은 "백조가 물 위에서는 우아해 보여도 물속

발놀림은 쉼 없이 움직이듯, 나도 매일 애쓰는 중"이라고 말한다. 실제로 그는 목표를 세울 때마다 준비와 점검으로 일정을 가득 채운다. 새벽 시간을 활용해 다음 달 SNS 콘텐츠 아이디어를 구상하고, 낮에는 시공 현장을 방문해 문제없이 진행되는지 꼼꼼히 확인한다. 퇴근길에는 꾸준한 러닝으로 체력을 다지는데, 이 역시 "대표가 튼튼해야 직원들과 고객의 기대를 더 오래 감당할 수 있다"라는 확고한 신념에서 비롯되었다.

J대표의 SNS 계정이 흥미로운 이유 중 하나는, 최종 인테리어 완성 사진을 중심으로 감각적인 콘텐츠를 꾸준히 올린다는 데 있다. 시공 사례만 잔뜩 나열하기보다, 그가 추구하는 방향성과 센스 있는 인테리어 포인트를 문구와 함께 소개한다. 때로는 자신이 영감을 얻은 장소나 소소한 일상의 장면을 추가로 곁들이며, 회사가 지향하는 미적 철학을 스스럼없이 표현한다. 이 과정에서 고객들은 "이 대표의 안목과 스타일"을 자연스럽게 이해하게 되고, 그러한 이미지가 결국 시공 계약을 결정할 때 강력한 설득력으로 작용한다. '이 대표처럼 감각 있게 사는 사람이 완성해주는 공간이라면, 믿고 맡겨도 괜찮겠다'는 확신을 갖게 되는 것이다.

또한 J대표는 직원들과의 소통에도 적극적이다. 전 직원과 함께 멋있게 단체 프로필 사진을 찍어 함께 홍보하거나, 사내 행사 때 마치 하나의 프로젝트를 진행하듯 스타일링과 사진 촬영을 조직적으로 추진한다. 이렇게 사소해 보이는 순간까지도 '브랜딩의 일부'라고 생각하기에, 직원들의 사기와 회사 이미지가 함께 상승하는 선순환 구조를 만든다. 그리고 개인적으로도 꾸준히 운동하고, 다양한 분야의 디자인 자료를 찾아보며 전문가로서 감각을 유지하려고 애쓴다.

무엇보다 인상적인 건, 그의 매출이 꾸준히 오르고 있음에도 스스로를 "이제 시작일 뿐"이라고 다그친다는 점이다. 한 번 성공했다고 안주하지 않고, 매년 다음 단계의 목표를 새롭게 설정한다. 국내 업체들과 협업하기 위한 네트워크를 넓히고, 관련 업계 행사를 직접 찾아가며, 심지어 해외 자료까지 살펴보며 연구한다. 그러면서도 밖으로 드러나는 모습은 여전히 우아하고 차분하다. 사람들은 "인테리어 사업이라는 게 시공 현장도 복잡하고, 문제도 끊임없이 생길 텐데 저렇게 여유로울 수 있나?"라고 하지만, 이미 물 밑에서는 수없이 발을 움직인다는 사실을 아는 사람은 그의 가까운 동료들뿐이다.

결국 그의 사례가 말해주는 것은, "SNS가 단지 젊은 세대의 소통창구가 아니라, 큰 규모의 거래에도 영향을 준다"는 점이다. 아무리 전통적인 방식이 유리한 업종이어도, 새로운 흐름을 영민하게 도입하면 의외의 결과가 나올 수 있다. 또한 겉으로 우아해 보이는 대표일수록 실제로는 자기관리에 소홀함이 없다. 꾸준히 운동하고, 사소해 보이는 SNS 게시물 하나까지 철저히 기획하고 실행하는 태도가 작은 차이를 만들어낸다. 그리고 개인의 라이프스타일까지 브랜드와 결합시킨다면, 소비자에게 한층 더 강력한 인상을 남길 수 있다. 결국 '물 위에선 부드럽게 흘러가도 물 밑에선 쉼 없이 뛰는 백조'가 성공의 본질임을, J대표는 몸소 보여주고 있다.

저자가 주는 KEY POINT TIP

1. SNS는 대규모 거래에도 영향력을 행사한다
인테리어처럼 큰 금액이 드는 업종이라도, 트렌드와 전략을 잘 살린 SNS 마케팅은 의외의 신뢰와 매출로 이어질 수 있다.

2. 보이는 모습과 실제 노력이 다를 수 있다
겉으로는 여유로운 CEO도, 사실 뒤에서는 한 치의 빈틈 없이 계획하고 실행한다. 그 정성이 곧 차이를 만들어낸다.

3. 개인 라이프스타일도 회사의 브랜드가 될 수 있다
단순히 제품이나 서비스만 홍보하기보다, 대표의 일상과 취향을 공개함으로써 기업이 추구하는 감각을 보여주면 더 큰 관심을 얻는다.

PART 6. 창의성과 혁신

남들과 다르게 생각하는 연습

: 창의성을 극대화하는 CEO들의 습관 :

자동차 영업에 대해 말할 때면, 으레 떠오르는 전형적인 이미지가 있다. 흔히 '딜러'라고 불리며, 딱딱하고 영업에만 집중하는 모습이 연상되곤 한다. 그러나 K대표는 이 업계의 틀을 깨는 전혀 다른 행보로 시선을 끌고 있다. 그는 다양한 모임에 적극적으로 참여하고, 그 안에서 리더 역할을 도맡아왔을 뿐 아니라, 아예 새 모임을 직접 기획·설립하기도 했다. 기존의 모임에 곧장 들어가 소극적으로 자리만 지키는 것이 아니라, 모임을 만들어 진행하면서 참여자들의 관심과 열정을 끌어내는 것이다.

이처럼 모임을 새로 만드는 일은 생각보다 쉽지 않다. 우선 장소와 일정을 잡는 것부터 재정과 홍보를 챙겨야 하고, 참석하는 사람들에게 만족도를 높여줘야 한다. 특히 리더로서 여러 의견을 조율해가며 발표와 진행도 능숙하게 해내야 하니, 한마디로 수많은 과정을 꼼꼼히 챙겨야 한다. 그런데도 K대표는 "누군가는 해야 할 일이라면, 내가 먼저 나서서 깔끔하게 만들어보자"라는 태도로 임한다. 그렇게 그는 한 번 시작한 모임을 높은 완성도로 키워내고, 사람들은 "자동차 영업하면서 이런 모임까지 능숙하게 이끄는 사람이 있을 줄 몰랐다"고 입을 모은다.

주위에서 그의 추진력을 보며 가장 많이 하는 말은 "어떻게 저렇게 많은 걸 해낼까" 하는 의아함이다. 사실 자동차 업종에 몸담는 사람들은 통상 스케줄이 빼곡하고 고객 응대도 정신없이 이어진다. 그럼에도 그는 모임에 쏟는 시간과 열정을 결코 줄이지 않는다. 세미나 수준의 PPT 발표를 준비하고, 행사 전날 늦은 밤까지 자료를 손본다. "누가 대충해도 뭐라 안 할 텐데 굳이 이 정도까지 하냐"라는 말이 들리기도 하지만, 그는 "함께 참여하는 사람들이 내게 시간을 쓴다면, 그 이상으로 보답해야 한다"라고 말한다. 그만큼 철저한 성격이 조직 운영에도 그대로 녹아 있는 셈이다.

이런 기획력과 추진력도 돋보이지만, 무엇보다 K대표가 주변 사람들의 마음을 움직이는 건 '의리를 중시하는 태도'다. 자동차 영업에서는 종종 '내 이익을 위해 적극적으로 나서는 모습'을 연상하기 쉬운데, 그는 반대로 "함께하자"는 메시지에 진심을 담아낸다. 이 대표를 도와 모임을 준비해온 지인들이 "왕복 3시간이 걸리더라도, 그가 주최한다면 꼭 달려가고 싶다"고 말할 정도로, 그는 받은 의리를 곱절로 되갚는 것으로 유명하다. 식사가 끝난 뒤에도 잔일을 도맡아서 마무리하고, 누구 하나 소외되지 않도록 이야기를 끝까지 챙긴다. 그래서일까, 그가 만드는 모임은 전혀 피상적이지 않고 유대감이 탄탄하다.

자동차 영업 세계는 기본적으로 개인 능력에 의존하는 경우가 많다. 영업 스킬이나 인간관계, 네트워킹 등이 성패를 좌우하기 때문이다. 그런데 K대표는 여기에 '스스로 리더가 되어 커뮤니티를 키운다'는 독특한 시도를 접목했다. 통상 자동차 영업인이라면, 카센터나 고객 유치 네트워크 등 전통적인 판로에서 열심히 뛰는 모습이 보이기 쉽지만, 그는 한발 더 나아간 셈이다. 아예 새로운 사람들을 한데 모아 소통하고, 행사와 네트워킹 기회를 만들고, 그 안에서 자신이 주도적 역할을 해내면서 인맥을 다진다. 결과적으로 "저 사람, 그냥 고객

계약 받으려는 게 아니라 진짜로 조직을 이끌면서 상생을 추구하네"라는 이미지를 심어주게 되니, 업계에 대한 흔한 편견도 깬다.

이러한 리더십은 결코 겉치레만으로는 완성되지 않는다. K대표가 매번 모임을 준비하는 과정을 보면, 수많은 시간을 할애해 일정을 조정하고, 자잘한 현장 문제까지 직접 나서 해결한다. 예컨대 간단해 보이는 주차 문제조차도 참여자들의 불편을 최소화하기 위해 몇 번씩이나 전화로 확인하고, 행사 장소에 먼저 방문해 동선을 미리 파악한다. 누구에게 시키기만 하는 게 아니라, 본인이 먼저 땀 흘려 발로 뛰니 사람들은 더욱 그를 신뢰한다. 그래서 그가 "다음 모임에는 이런 걸 해보자"라고 제안하면, 모두가 흔쾌히 동의하고 참여하는 분위기가 자연스레 만들어진다.

무엇보다, 그렇게 노력을 쏟아 만든 모임에서 K대표는 "내가 이렇게 했다"는 식의 공치사보다는, 함께한 사람들을 빛나게 해주려는 태도를 보인다. 서로의 성취를 축하하고, 작은 도움이라도 준 이들에게는 꼭 감사를 표시한다. 마치 자동차 영업과는 전혀 상관없는 듯 보이는 이런 행보가, 결국 그의 주특기인 영업에도 긍정적인 파급력을 가져온다. 실제로 그를 알고 지낸 사람들은 어느 순간 자연스럽게 그의 '고객'이 되어 있다. 그 과정이 억지스럽지 않고, 서로의 신뢰를 바탕으로 성사되기에 "나를 위해서라면 K대표가 또 뭘 만들어도 즐겁게 참여할 것 같다"고 말하는 이도 적지 않다.

이처럼 업계의 고정관념을 바꿀 만큼 당찬 리더십을 보여주는 K대표를 통해, 우리는 '사람을 움직이는 힘'이 어디에서 나오는지 확인하게 된다. 겉으로 보기에는 자동차 영업에 열심히 뛰는 사람 중 하나일 뿐이지만, 실제론 남다른 추진력과 의리를 통해 무리를 만드는 리더이자, 스스로도 더 큰 목표로 나아가는 관리자다. 영업에만 집중하는 게 아니라, "모임과 커뮤니티를 통해 관계를 더 깊고 넓게 확장하겠다"는 전략은 이른바 '자기이익만 좇는다'는 편견을 넘어선다. 그리고 무엇보다, 그 안에서 함께하는 사람들에게 진심으로 의리를 보여주는 순간, 그 누구도 쉽게 떠나지 않는 끈끈함이 생긴다.

저자가 주는 KEY POINT TIP

1. 어떤 업종이든 모임과 커뮤니티를 적극 활용하라
자동차 영업이라면 전통적인 홍보방식이나 개인 네트워크에 의존하기 쉽지만, K 대표처럼 '모임을 직접 만들고 운영'하면 폭넓은 인맥을 얻고 리더십도 발휘할 수 있다.

2. 의리는 사람을 움직인다
함께하는 사람들에게 진정성을 보이고, 서로의 노력을 인정해주면, 길고 힘든 거리도 기꺼이 찾아와 참여한다. 이는 리더가 가져야 할 진정한 힘이다.

3. 선입견을 깨려면 '나를 따르라'는 확신을 보여주자
업계의 고정관념을 깨기 위해서는 모임 개최, PPT 발표 등 적극적인 행동이 필수다. K 대표처럼 당차게 도전하면, 사람들은 오히려 그 새로움에 끌려오게 된다.

보이지 않는 자리에서
신뢰를 쌓는 법

: 궂은 일을 맡고, 철저히 대비하는 자세 :

나는 어떤 모임이든 가능하면 총무를 맡으려고 한다. 흔히 '총무'라고 하면 돈 관리나 정리 같은 단순 업무만 떠올리지만, 실제론 손이 꽤 많이 간다. 입금·출금 현황 정리에, 빠진 사람은 없는지 연락해야 하고, 돌출 지출 내역도 확인해야 한다. 귀찮고 힘들지만, 이 일을 직접 하다 보면 사람들과의 접촉점이 늘고, 그만큼 내 존재감도 커진다. 이렇게 봉사정신으로 궂은 일을 맡으니 시간이 지나 좋은 평가로 돌아온다고 느꼈다.

> "총무 역할을 처음 맡았을 때,
> '왜 이렇게 내 시간이 뺏기지?' 하고 불평도 했지만,

"결국 그 '귀찮음'이 나를 더 돋보이게 해줬다."

나는 여성 CEO로서, 남성 위주 모임에 유일하게 참여할 때가 많다. 그럴 때면 섬세하게 분위기를 챙기거나, 남자들끼리 놓치는 부분을 내가 맡아 조율하기도 한다. 물론 쉽지 않지만, 내가 한 번 나서주면 모임이 부드럽게 진행되고, 그게 결국 나에 대한 긍정적인 인식으로 이어진다. 그래서 늘 '굳은 마음가짐'을 지키며 꾸준히 참여한다. 한 번 들어간 모임이면 최소 8년, 9년씩 오래 이어가려고 노력하는데, 같은 자리에서 한결같은 모습을 보여야 쌓이는 신뢰가 있다고 믿기 때문이다.

뿐만 아니라, 나는 예기치 못한 상황에도 대비하기 위해 회사에 여러 켤레의 신발을 두고, 외출 시에도 옷이나 준비물을 미리 챙겨둔다. 어떤 날은 장례식에 들러야 할 수도 있고, 또 어떤 날은 많이 걸어야 할 수도 있기 때문이다. "신발이 안 맞아서 못 간다" 같은 이유로 약속을 어기고 싶지 않기에, 불확실성을 원천 차단해두는 것이다.

**"여유분의 옷과 신발을 챙겨두니,
예상 못 한 일정에도 한결 마음이 든든해졌다."**

이처럼 철저함을 습관화하면, 내가 의도한 자리나 일에 '핑계 없이' 참여할 수 있고, 이는 CEO로서 신뢰를 쌓는 과정에서 큰 힘이 된다. 결국 작은 준비와 궂은 일도 마다하지 않는 태도가, 내가 세운 자리에서 확실한 존재감과 책임감을 보여주는 비결이라고 생각한다.

저자가 주는 KEY POINT TIP

1. 총무·진행 등 궂은 일은 기회가 된다
귀찮고 번거로운 만큼, 더 크게 인정받을 수 있다. 사람들과 접촉점이 늘고, 자연스럽게 신뢰가 쌓인다.

2. 여성 CEO라면 섬세함을 무기 삼기
남성 위주 자리에서 세심하게 분위기를 살피고 조율하면, 어려운 만큼 영향력도 커지고 긍정적인 인식을 얻을 수 있다.

3. 길게 보고 모임·관계를 유지하자
한 번 시작했다면 8~9년씩 꾸준히 참여하며 같은 모습과 태도를 유지해야 '탄탄한 신뢰'가 만들어진다.

4. 미리 준비해서 돌발 변수를 줄이기
회사에 옷·신발 등을 구비해두면 갑작스러운 일정에도 핑계 없이 바로 대응 가능하다.

5. 철저한 대비가 '핑계 없이' 자리 지키는 힘
작은 준비성 하나가 CEO로서의 책임감을 돋보이게 하고, 결국 주변의 신뢰와 좋은 평가로 이어진다.

격식을 버려야 기회가 보인다

: 유머와 낮은 자세가 만드는 새로운 인맥 전략 :

    대형 회계법인 경력에 미국 유학 경험까지 갖춘 사람이라고 하면, 보통은 어느 정도 권위를 풍길 거라고 예상하기 쉽다. 하지만 J회계사는 그런 고정관념을 가볍게 뒤집는다. 그는 어디에서건 먼저 유머를 던져 분위기를 풀고, "전 그냥 작은 회사 사무장 노릇을 하는 사람입니다"라고 자신을 낮춘다. 심지어 특유의 겸손한 말투에 주변 사람들은 경계심을 가질 새도 없이 편안함을 느끼곤 한다. 보통 대형 법인 출신이라 하면 "혹시 나한테 무언가를 영업하지 않을까?" 하는 생각부터 드는데, J회계사를 만난 사람들은 오히려 "이 분 꽤 재밌네?" 하고 마음을 여는 쪽이 먼저다. 그리고 그렇게 열린 분위기 속에서, 그는 자연스레 사람들과의 대화를 이어가며 회사와 일,

그리고 서로가 가진 정보에 대해 알아간다.

흥미로운 점은 이런 유머와 겸손이 그저 '재미있는 사람'으로 끝나는 게 아니라, 실제 비즈니스에 큰 도움이 된다는 사실이다. J회계사가 소속된 법인은 대형 고객사를 주로 상대하는 곳이다. 따라서 모임에 나가면 그의 전문 분야인 재무나 회계 서비스를 필요로 하는 대표나 임원들을 접할 기회가 많다. 대부분의 경우, 딱딱한 자리에서 "사실 저는 대형 회계법인에 근무 중입니다"라고 하면 상대가 미묘하게 몸을 사릴 수도 있다. 그런데 J회계사의 접근법은 다르다. "사무장 같은 거나 하고 있어요, 뭐"라는 식으로 자신의 '타이틀'을 대폭 낮추고, 스스럼없는 유머 몇 마디로 분위기를 훈훈하게 만들다 보니, 상대는 별다른 거리감 없이 본인의 고민거리까지 털어놓게 된다. 예를 들어 세금 문제나 투자 자문과 같은 민감한 이야기도 "그 정도야 제가 조금은 도와드릴 수 있죠"라는 말과 함께 쉽게 공유되는 것이다. 사람들은 권위보다 편안함 쪽으로 마음이 움직이기 쉽다는 점을, 그는 너무도 잘 알고 있는 셈이다.

J회계사가 건넨 조언 중에 가장 기억에 남는 건 "사람 많이 모인 곳에서 왈가왈부하는 소문에 휩쓸리지 말라"는 말이다.

실제로 네트워킹 모임에 가면 누가 새로운 사업을 시작했다느니, 누가 돈을 못 벌어서 문을 닫았다느니 하는 소문이 무성하다. 그는 그런 수많은 이야기가 결국 잡음일 뿐이라고 강조한다. 자신이 필요로 하는 건 소문 속 뒷이야기가 아니라, 각 인물이 어떤 일을 하는지, 그 회사의 규모는 어떻고 배울 점은 무엇인지 같은 정보라는 것이다. 그래서 쓸데없는 가십에 신경 쓰기보다는 "나는 저 사람에게서 무엇을 얻을 수 있으며, 또 무엇을 줄 수 있는지"를 명확하게 고민하라고 말한다. 이렇게 잡음을 걷어내고 핵심에 집중하면, 자연스럽게 중요한 거래나 협력으로 이어질 확률이 높아진다고 그는 덧붙였다. 실제로 J회계사도 모임 자리에 있으면 그저 농담을 건네다 끝나는 게 아니라, "요즘 트렌드는 어떻게 보세요?"라며 사업에 도움이 될 만한 질문을 슬쩍 던진다. 그리고 상대의 말에서 조금이라도 유의미한 정보를 건지면, 다음에 다시 만나 협업을 얘기해보자고 자연스레 말을 꺼낸다.

더욱 흥미로운 점은, 그는 상대방의 나이나 경력에 별다른 무게를 두지 않는다는 것이다. 젊은 스타트업 창업자에게도 동등하게 "어휴, 제가 모르는 게 많으니 가르쳐주세요"라고 말하고, 나이가 훨씬 많은 기업 대표에게도 과도한 예우보다는 편안한 농담으로 먼저 다가간다. 사실 대형 법인 회계사라는 타이틀을 앞세워 애초부터 '전문가'로 군림하려 들었다면, 상대가 기죽거나 부담을 느껴 서로 이야기가 금방 끊겼을지 모른다. 그러나 J회계사의 접근법은 언제나 "저도 많이 배우고 싶어요"라고 문을 열어 두는 식이다. 이로 인해 어느 누구든 편히 '대화하고 싶은 사람'이 되어버리니, 오히려 협상과 제안은 자연스럽게 성사되는 것이다.

한편 그는 "영업이나 인맥은 결국 사람의 마음을 움직이는 과정"이라고 말한다. 전문 지식이나 경력만으로는 불충분하다는 뜻이다. 예를 들어 "제가 이런 대형 회계법인 소속이니, 뭐든 맡겨만 주십시오"라고 하면 듣는 이 입장에서는 뭔가 부담스럽고 경계심이 생길 수 있다. 반면 "제가 회계 쪽에서 이런저런 일도 해봤는데, 혹시 도움이 될 일이 생기면 그때 불러주세요" 정도로 겸손하게 말하면 훨씬 편안해진다. 게다가 유머러스한 태도로 상대의 긴장을 풀어주니, 협상이라는 낱말조차 필요 없이 "그럼 한 번 상의해볼까요?"라는 자연스러운 결론이 이어진다.

J회계사가 모임을 대할 때 강조하는 또 한 가지는 "불필요한 말들에 일일이 휘둘리지 않되, 꼭 챙길 건 놓치지 말라"는

점이다. 모든 자리에 소문은 있기 마련이니, 진지하게 걸러들을 건 걸러듣고, 정보가 전부 가십에 불과하다 싶으면 웃고 넘기라는 것이다. 그러면서도 상대가 어떤 업종에 속해 있는지, 대략적인 규모나 재무 상황은 어떠한지, 내가 줄 수 있는 조언이나 정보를 미리 생각해두면, 막상 대화를 시작했을 때 '이 사람과 나 사이에 어떤 연결점이 있을까?'를 손쉽게 찾게 된다.

결국 사람들이 말하는 "J회계사는 영업을 참 잘한다"라는 평가는, 화려한 말솜씨나 똑 떨어지는 프레젠테이션 기술 덕분이 아니다. 그는 오히려 자신의 전문성을 최대한 뒤에 두고, 먼저 상대를 웃게 만들고 편하게 느끼게 한다. 그렇게 마음 문이 열린 뒤에는 비로소 "제가 조금 도움을 드릴 수 있을 것 같은데요"라며 스스럼없이 자문이나 협력 가능성을 언급한다. 그러니 상대도 "격식 따지지 않고 솔직하게 말해도 되겠구나" 싶어 더 많은 이야기를 꺼낼 수 있고, 결국에는 계약이 성사되거나, 최소한 서로의 네트워크에 긍정적 이미지를 남기는 식으로 끝나게 된다.

정리하자면, 대형 회계법인에 몸담고 해외 유학까지 다녀온 사람이 굳이 겸손하게 "작은 회사 사무장"이라 부르는 이유가 바로 여기에 있다. 상대가 가진 경계심을 제거하고, 불필요한 권위 앞에서 위축되지 않도록 배려하는 것이다. 또, 네트워킹 자리에서 흔히 떠돌아다니는 가십성 소문에 휘둘리지 않고, "이 사람이 어떤 일을 하는지, 내게 필요한 정보가 있는지"를 꼭 짚고 지나가는 집중력 덕분에, 그는 즐겁게 노는 동시에 비즈니스 기회까지 탄탄히 챙긴다. 이것이야말로 J 회계사가 보여주는 '유머+낮은 자세'의 매력이고, 많은 사람이 그와 협업하고 싶어 하는 진짜 이유인 듯하다.

한 가지 확실한 건, 겉보기에는 대단히 '편안한 사람'처럼 보이지만, 이 모든 것이 사실은 일에 대한 강력한 집중력과 의도적 전략에서 비롯된다는 점이다. 그가 끝까지 말을 아끼는 부분은 "궁극적으로, 사람 마음은 단순하다"는 것이다. 너무 어렵게 생각하기보다는, "함께 이야기 나누면 즐겁고 득이 될 수 있구나"라는 확신을 심어주면, 자칫 어려운 회계나 세무 이야기도 훨씬 가볍게 나눌 수 있다. 그리고 그런 친밀함 속에서 높은 차원의 업무 제안까지 부드럽게 연결되는 것이다. 바로 이것이, J회계사 식의 '대형 법인 영업 기술'인 동시에, 우리가 배울 만한 인맥관리의 정수다.

저자가 주는 KEY POINT TIP

1. 유머와 낮은 자세, 두 마리 토끼를 잡아라
대형 법인 출신이라면 자칫 "격을 지켜야 한다"는 생각이 앞설 수 있다. 하지만 J회계사처럼 '작은 회사 사무장'이라 말할 정도의 겸손이 상대의 마음을 여는 열쇠가 되기도 한다.

2. 사교 모임에서 잡음은 무시하고, 본질에 집중하자
어떤 모임이든 말이 많고 소문이 넘친다. 하지만 "그 회사의 업종과 규모, 내게 필요한 배움만 챙긴다"는 태도로 임하면, 구체적인 성과까지 자연스럽게 이어지는 경우가 많다.

3. 영업은 결국 사람의 마음을 움직이는 것
아무리 뛰어난 경력과 스펙이 있어도, 상대방이 마음의 문을 열지 않으면 계약은 불가능하다. J회계사처럼 편안한 친밀감으로 다가가면, 비즈니스 제안도 자연스럽게 성사될 확률이 높아진다.

Epilogue

결국,
실행한 사람이 승리한다

 많은 사람들이 성공을 꿈꾸지만, 정작 실행에 나서는 사람은 극히 드물다. '언젠가 해야지'라고 말하면서도 망설이고, '준비가 부족하다'며 한 걸음 내딛기를 주저한다. 하지만 현실에서 성공하는 사람들은 하나같이 말한다. "완벽한 준비보다 빠른 실행이 중요하다."

 이 책을 통해 만난 리더들은 모두 다른 업종, 다른 배경을 가지고 있었지만, 성공을 만들어낸 과정은 놀라울 만큼 비슷했다. 그들은 망설이지 않았다. 주어진 상황에서 최선을 다해 움직였고, 실패를 두려워하기보다 배움의 기회로 삼았다. 목표를 세우면 행동으로 옮겼고, 위기가 오면 오히려 새로운 기회를 찾았다. 그리고 무엇보다 '사람'과 '관계'를 소중히 여겼다. 혼자만의 성공이 아니라, 함께 성장하는 길을 고민하며 네트워크를 넓히고 신뢰를 쌓아갔다.

이제 당신의 차례다. 이 책을 덮고 나면, 다시 현실로 돌아갈 것이다. 하지만 한 가지 기억해야 할 것이 있다. 지금 이 순간에도 누군가는 도전하고 있고, 실행하고 있고, 성장하고 있다. 그리고 그들이 시장을 선점하고 기회를 잡아가고 있다. 중요한 것은 당신이 어디에 있는지가 아니라, 어디로 갈 것인가를 결정하는 것이다.

망설이지 말자. 생각을 행동으로 옮기자. 준비가 덜 됐다고 느껴지더라도, 일단 한 걸음 내디뎌보자. 네트워크를 넓히고, 새로운 기회를 탐색하며, 작은 성공을 쌓아가다 보면 언젠가 당신도 누군가에게 영감을 주는 사람이 되어 있을 것이다.

비즈니스는 결국 '실행력'의 싸움이다. 끝까지 도전하는 사람이 승리한다. 이제, 당신이 그 주인공이 될 차례다.